(Arthur-Richard Dillon.)

DÉCLARATION

SUR

LES DROITS DU ROI.

DÉCLARATION

SUR

LES DROITS DU ROI.

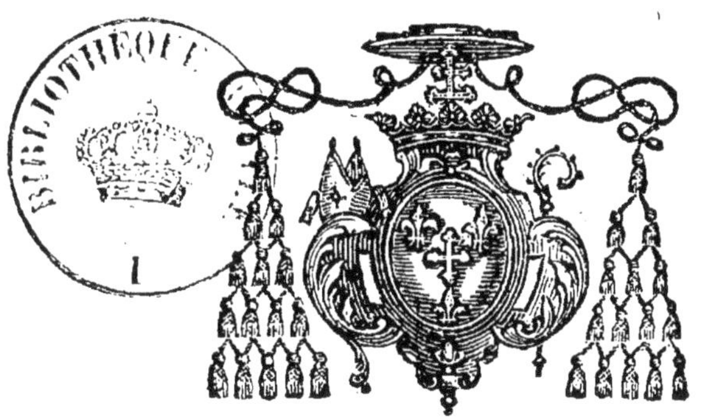

À LONDRES:

De l'Imprimerie de Cox, Fils et Baylis, No. 75, Great Queen Street, Lincoln's Inn Fields,

Et se trouve chez JULIEN et Co. Soho-Square.

1805

DÉCLARATION

SUR

LES DROITS DU ROI.

C'EST Dieu lui-même qui a consacré les droits de la puissance temporelle et imposé aux sujets l'étroite obligation d'être constamment fidèles à leurs Souverains; cette fidélité inviolable des sujets à leur Souverain, déjà commandée sous l'ancienne alliance (1), n'est pas moins expressément prescrite sous la loi de grâce: elle fait aussi partie de la morale Evangélique, et se trouve comprise dans la suite des préceptes que Jésus-Christ avoit en vue, lorsqu'il disoit à ses Apôtres: " Apprenez à toutes les nations.... à observer tout " ce que je vous ai commandé (2)."

 Aussi

(1) Time Dominum, fili mi, et Regem, et cum detractoribus ne commiscearis. (Prov. xxiv, 21.)

(2) Docete omnes gentes....servare omnia quæcumque mandavi vobis. (Matth. xxviii, 19, 20.)

Aussi les Apôtres qui tenoient de leur divin Maître qu'il falloit rendre à César ce qui est à César, ont-ils fait de ce devoir un point capital de leur prédication; et les Evêques, leurs successeurs, ne peuvent se dispenser de marcher sur leurs traces, en professant, à leur exemple, et enseignant la même doctrine.

Comme Jésus-Christ a dit: *Rendez à César ce qui est à César, et à Dieu ce qui est à Dieu* (3); " par où il met, pour ainsi dire, " dans la même ligne ce qu'on doit au Prince, " avec ce qu'on doit à Dieu même, afin qu'on " reconnoisse dans l'un et dans l'autre, une " obligation également inviolable...... De " même le Prince des Apôtres dit: *Craignez " Dieu, honorez le Roi* (4); où l'on voit qu'à " l'exemple de son Maître, il fait marcher ces " deux choses d'un pas égal, comme unies " et inséparables (5)."

Cependant Saint Pierre, ne se borne pas à écrire aux fidèles qu'il instruit: *honorez le Roi*; il leur fait aussi connoître la nature de cet honneur qui doit être rendu au Roi: il en développe

(3) Reddite ergo quæ sunt Cæsaris, Cæsari; et quæ sunt Dei, Deo. (Matth. xxii, 21.)

(4) Deum timete, Regem honorificate. (1 Petr. II, 17).

(5) Bossuet, cinquième Avert. aux Protestans

développe l'étendue ; il indique enfin la raison invincible qui établit cette obligation, et la disposition religieuse avec laquelle il faut la remplir : cet honneur consiste principalement dans la soumission non-seulement à la personne du Roi, mais encore à tous ceux qu'il rend dépositaires de son autorité ; soumission qui doit être pratiquée par amour pour Dieu, parce que telle est la volonté de Dieu ; et comme si le Prince des Apôtres eut voulu nous prémunir contre l'abus qu'on chercheroit à faire de nos jours du nom de liberté, il déclare que si les disciples de l'Evangile sont libres, ce n'est pas pour faire de la liberté un voile qui couvre de mauvaises actions, mais pour agir en serviteurs de Dieu (6).

Animé du même esprit, le vase d'élection découvre aux fidèles de l'Eglise de Rome, la véritable source de la puissance civile, et leur montre en même temps l'indispensable obligation de s'y soumettre ; le motif pour lequel cette soumission doit être pratiquée ; la

 nature

(6) Subjecti igitur estote....propter Deum, sive Regi, quasi præcellenti, sive Ducibus, tanquam ab eo missis..... quia sic est voluntas Dei....quasi liberi, et non quasi velamen habentes malitiæ libertatem, sed sicut servi Dei. (1 Petr. ii, 11. 13. 16.)

nature du crime que commettent, et les maux affreux auxquels s'exposent ceux qui sont assez téméraires pour s'en écarter. Selon Saint Paul, la véritable source de la puissance civile est Dieu lui-même : quiconque résiste à cette puissance, résiste à l'ordre établi de Dieu, et s'attire lui-même la condamnation : le Prince est ministre de Dieu ; comme tel, il porte le glaive, afin de tirer vengeance de celui qui fait le mal ; et néanmoins, ce n'est pas seulement pour éviter les effets de sa colère qu'il faut lui être soumis, c'est encore pour remplir un devoir de conscience (7) : aussi ce Docteur des Gentils, dans les instructions qu'il donne à Tite, son disciple, lui prescrit-il d'avertir les fidèles confiés à ses soins, *d'être soumis aux Princes, et à ceux qui sont revêtus de l'autorité, de leur rendre obéissance* (8).

Les

(7) Omnis anima potestatibus sublimioribus subdita sit ; non est enim potestas, nisi à Deo.... itaque qui resistit potestati, Dei ordinationi resistit, qui autem resistunt, ipsi sibi damnationem acquirunt.... Dei enim minister est (princeps)..... Non enim sine causa gladium portat ; Dei enim minister est vindex in iram ei qui malum agit ; ideo necessitate subditi estote, non solum propter iram, sed etiam propter conscientiam. (Rom. xiii, 1—5.)

(8) Admone illos principibus et potestatibus subditos esse, dicta obedire. (Tit. iii, 1.)

Les premiers Chrétiens ont reconnu dans ces paroles de Jésus-Christ et des Apôtres, la règle des devoirs que les sujets ont à remplir envers leurs Souverains : ils n'ont point cru y apercevoir de simples conseils qu'on pût être libre de pratiquer ou d'omettre ; ils y ont vu des préceptes divins qu'il étoit nécessaire d'observer, à titre de religion et de piété (9) ; c'est pour cela qu'ils ont toujours gardé aux Princes une inviolable fidélité, même lorsqu'ils avoient à en souffrir les plus cruelles persécutions ; et *on peut dire qu'ils n'ont pas moins scellé de leur sang, les droits sacrés de l'autorité légitime sur laquelle Dieu a établi le repos du genre humain, que la Foi et l'Evangile* (10).

Qui ne sait que Tertullien a appelé la fidélité aux Souverains, la Religion de la seconde Majesté (11), et que cette expression si

(9) Præceptum est nobis (Tertullian. Apologet.) Pietas et Religio Imperatoribus debita. (Tertullian, Apologet.) Sed quid ergo amplius de Religione atque pietate Christiana in Imperatorem, quem necesse est ut suspiciamus. (Tertullian. Apologet).

(10) Bossuet, cinquième Avert. aux Protestans.

(11) In hâc quoque Religione secundæ Majestatis, (Tertullian. Apologet.)

si énergique a obtenu le suffrage de tous les siècles ?

C'est dans le fort de sa glorieuse confession que le grand Osius de Cordoue écrivoit à l'Empereur : *Celui qui vous ravit l'Empire, s'oppose à l'ordre de Dieu* (12) ; et nous lisons dans St. Augustin : *Il faut observer la règle que le Seigneur lui-même a prescrite, de sorte que nous rendions à César ce qui appartient à César....Ne faisant rien avec déguisement, et en cela même, obéissant moins aux hommes qu'à Dieu qui ordonne d'en agir ainsi* (13).

A Dieu ne plaise que dans un sujet si grave, nous quittions les seuls guides qui puissent nous conduire avec sûreté, pour appuyer nos raisonnemens sur des opinions humaines, quelqu'accréditées qu'elles puissent être : la vérité éternelle a parlé ; c'est à elle seule que nous nous attachons ; ses oracles consignés dans les Livres Saints ont été interprêtés par les Conciles et les Pères : nous n'avons

---

(12) Qui tibi imperium subripit, Deo ordinanti repugnat. (Osius apud S. Athanas. ad Monachos.)

(13) Modus iste servandus est quem Dominus ipse præscribit, ut reddamus Cæsari quæ Cæsaris sunt....Nihil simulati facientes, et in eo ipso, non tam hominibus quàm Deo qui hæc jubet, obtemperantes. (S. Aug. exposit. quarumd. propos. Epist. ad Rom. proposit. 72.)

n'avons pas à craindre de nous égarer, en fondant sur des bases aussi solides notre croyance et notre enseignement.

Ce qui a été cru et enseigné, dans les premiers siècles du Christianisme sur la fidélité due aux Souverains, a été cru et enseigné de même dans les siècles qui ont suivi : *l'Eglise Catholique ne s'est jamais démentie de l'ancienne Tradition* (14).

“ Quand les peuples,” disent les Pères du quatrième Concile de Tolède, “ violent “ la fidélité qu'ils ont promise à leurs Rois, “ ce délit est un véritable sacrilége : la raison “ en est que, par l'infraction de cet engagement de fidélité, ce n'est pas aux Rois seulement qu'ils manquent, mais encore à Dieu “ lui-même, au nom duquel la promesse de “ fidélité a été faite......Si nous voulons éviter “ la colère divine, rendons à Dieu avec “ crainte le culte religieux qui lui est dû ; “ gardons à nos Princes la fidélité que nous “ leur avons promise ; qu'il n'y ait point “ parmi nous d'infidélité si contraire à la véritable piété..... qu'on n'y voie point tramer “ de criminelles conspirations ; que personne “ parmi nous n'ait la témérité d'usurper le “ Royaume ;

(14) Bossuet, cinquième Avert. aux Protestans.

" Royaume ; que personne n'excite de sé-
" ditions....que personne ne projette la mort
" des Rois....que qui que ce soit donc qui,
" par quelque conjuration que ce puisse être...
" aura violé le serment de fidélité qu'il a
" fait....pour la conservation du salut du Roi,
" ou aura attenté à la vie du Roi, ou l'aura
" dépouillé de la puissance de régner, ou.....
" aura envahi le rang suprême de la Royauté,
" soit anathème en présence de Dieu et des
" Saints Anges ; qu'il soit mis hors de l'Eglise
" Catholique, qu'il aura souillée par un par-
" jure ; qu'il soit éloigné de toute assemblée
" de Chrétiens, ainsi que tous les complices
" de son impiété ; parce qu'il faut que
" ceux qui se trouvent impliqués dans la
" même erreur, soient assujettis à la même
" peine (15)."

La

(15) Sacrilegium est si violetur a gentibus Regum suorum promissa fides ; quia non solum in eos pacti sit transgressio, sed et in Deum quidem in cujus nomine pollicetur ista promissio.... Si divinam iracundiam vitare volumus, servemus ergà Deum Religionis cultum cum timore ; custodiamus ergà Principes nostros pollicitam fidem...... non sit....nobis infidelitas impia....nec conjurationum nefanda molimina ; nullus apud nos præsumptione regnum arripiat ; nullus excitet....seditiones. ..nemo meditetur interitum Regum.....quicumque igitur quâ libet conjuratione....

La même disposition se trouve dans les VI et VII Conciles de Tolède des années 637 et 644; dans le Concile de Lorris en Anjou de l'an 843, et dans le Concile d'Oxford de 1222.

" En présence de Dieu et de tous les
" chœurs des Anges, en présence de l'assem-
" blée des Prophètes, des Apôtres et des Mar-
" tyrs; en présence de toute l'Eglise Catho-
" lique et de la société des Chrétiens, nous
" déclarons que personne ne peut, sans crime,
" former des complots contre la vie du Roi,
" le priver de l'administration du Royaume....
" s'ingérer à gouverner l'Etat, en y usurpant
" le rang suprême.....Que si qui que ce soit
" a la témérité et l'audace de faire quel-
" qu'une de ces entreprises, qu'il soit regardé
" comme

tione....sacramentum fidei suæ quod pro....conservatione regiæ salutis pollicitus est, temeraverit, aut regem ne ce attrectaverit, aut potestate regni exuerit, aut. .... regni fastigium usurpaverit, anathema sit in conspectu Dei et Sanctorum Angelorum; atque ab Ecclesiâ Catholicâ quam profanaverit perjurio, efficiatur extraneus, et ab omni cætu Christianorum alienus, cum omnibus impietatis suæ sociis; quia oportet ut pœna teneat obnoxios, quos similis error invenerit implicatos. (Conc. Tolet. iv. ann. 634. Can. 75.)

" comme frappé d'anathème de la part de " Dieu (16)."

" S'il se rencontre quelqu'un assez dé-" pravé pour tenir des discours contraires au " respect dû au Prince, ou injurieux à sa " personne; ou pour projeter la mort du " Roi ou sa déchéance, ou pour y donner " son consentement; nous pensons qu'il mé-" rite d'être excommunié (17)."

" Si quelqu'un est convaincu de ma-" nœuvres perfides, pernicieuses contre la di-" gnité Royale, qu'il soit frappé d'anathème, " à moins qu'il n'ait fait une pleine et en-" tière satisfaction."

" Si quelqu'un....a la témérité de con-" trarier obstinément avec un esprit d'orgueil " et

(16) Contestamur coram Deo et omni ordine Angelorum; coram Prophetarum atque Apostolorum vel omnium Martyrum choro; coram omni Ecclesiâ Catholicâ et Christianorum cœtu, ut nemo intendat in interitum Regis; nemo eum regni gubernaculis privet; nemo apicem regni usurpet.....quod si in quopiam horum quisquam....temerario ausu præsumptor extiterit, anathemate divino percussus habeatur. (Conc. Tolet. vi. ann. 637. Can. 18.)

(17) Si in derogationem aut contumeliam Principis reperiatur aliquis nequiter loqui, aut in necem Regis seu dejectionem intendere, vel consensum præbere, nos si quidem hujusce modi excommunicatione dignum censemus. (Conc. Tolet. ann. 644. Can. 1.)

" et de rébellion, la puissance Royale qui, " suivant l'Apôtre, ne vient que de Dieu, et " refuse opiniâtrément d'obtempérer, selon " Dieu, et l'autorité ecclésiastique, et le droit " civil, aux commandemens justes et raison- " nables de cette puissance, qu'il soit frappé " d'anathème. (18)."

" Nous prononçons la sentence d'ex- " communication contre tous ceux qui osent, " contre toute justice, troubler la paix et " la tranquillité du Seigneur Roi, et du " Royaume, et qui entreprennent de s'em- " parer des droits du Seigneur Roi. (19)."

Et Pie VI, de glorieuse mémoire, a ajouté un nouvel anneau à la chaîne de cette vénérable tradition, en écrivant : " Quant à ce qui

 " con-

(18) Si quis contra Regiam dignitatem dolosè et callidè satagere comprobatus fuerit, nisi dignissimè satisfacerit, anathematizetur. Si quis potestati Regiæ, quæ non est, juxta Apostolum, nisi à Deo, contumaci ac inflato spiritu....pertinaciter contradicere præsumpserit, et ejus justis et rationabilibus imperiis, secundum Deum et authoritatem Ecclesiasticam ac jus civile, obtemperare irrefragabiliter noluerit, anathematizetur. (Conc. apud Lauriacum in Pago Andegavensi (Lorris en Anjou), an. 842. Can. 2 et 3.)

(19) Omnes illos sententia excommunicationis innodamus, qui pacem et tranquillitatem Domini Regis et regni injuriosè perturbare præsumunt, et qui jura Domini Regis detinere contendunt. (Conc. Oxon. an. 1222. Can. 1.)

" concerne la fidélité au Prince légitime,
" vous n'ignorez pas... combien est étroite
" l'obligation de la garder, puisqu'il y a un
" précepte divin qui prescrit à chacun *d'obéir*
" *aux Princes légitimes*.... Non, il n'est pas au
" pouvoir des peuples de renverser à leur gré
" les Empires, et d'introduire selon leurs ca-
" prices de nouvelles formes de gouverne-
" ment (20)."

Quelque griève que soit la peine d'excommunication, décernée, comme on vient de le voir, par les Conciles, et infligée quelquefois par les Souverains Pontifes à des sujets rebelles (21), elle ne paroîtra pas néanmoins

(20) Ad fidelitatem... quod spectat... legitimo principi debitam, haud ignoratis... quam arcto vinculo obstricti teneamini ad illam servandam, cùm divino præcepto quisque jubeatur *legitimis obedire potestatibus*... cùm nequeant populorum arbitrio imperia everti, novæque regiminis formæ temerè induci. (Nov. Lib. Commun. ad Cler. et Pop. Aven. et Comit. Venais. Romæ ap. S. Petr. 19 April. 1792.)

(21) " Les Flamands traitoient leur Comte avec
" beaucoup de mépris et d'indignité : sous le règne pré-
" cédent ils s'étoient révoltés contre lui, l'avoient long-
" temps tenu en prison, et ce ne fut qu'après les menaces
" réitérées de Charles le Bel et les censures du Pape qu'ils
" le relâchèrent.

" Les troubles recommencèrent à la mort de Charles
" le

moins trop rigoureuse, pour peu qu'on se forme une idée juste de toute entreprise qui a pour but de dépouiller le Prince légitime, et de changer un gouvernement confirmé par un long usage.

Ceux qui ont le malheur de former et d'exécuter de pareils projets se rendent énormément coupables envers Dieu, envers le Prince, envers le peuple.

En résistant à la puissance légitime, ils résistent à l'ordre établi de Dieu, ils se rendent enne-

---

" le Bel, le même peuple se révolta de nouveau contre le " Comte et contre la Noblesse : le Comte se réfugia en " France, de peur d'être encore arrêté, et beaucoup de " Seigneurs et de Gentilshommes Flamands l'y suivirent : " il demanda du secours au Roi qui promit d'aller lui-" même en Flandres après son sacre, et cependant il en-" voya l'Evêque de Senlis à Tournay, d'où ce Prélat ful-" mina l'excommunication contre les révoltés, et mit en " interdit le Comté de Flandre : il avoit cette autorité du " Saint Siége....

" Il (Philippe de Valois) rendit compte au Pape de " cette grande victoire (sur les Flamands) et le pria de " lever les censures qu'il avoit publiées contre les Fla-" mands à cause de leur rébellion : il obtint aisément ce " qu'il demandoit, et l'Archevêque de Rheims et l'Evêque " de Senlis qui avoient jeté l'interdit sur la Flandre au " nom du Pape, reçurent ordre de le lever." (Daniel, Hist. de France, an. 1328.)

ennemis de Dieu (22), en renversant la forme ancienne du gouvernement, ils sont rebelles à Dieu même qui leur ordonnoit de la respecter ; c'est Dieu même qu'ils attaquent en attaquant son ministre, son lieutenant, son représentant sur la terre ; enfin ils deviennent en quelque sorte criminels de lèze-Majesté divine, par cela même qu'ils se portent à des attentats contre la seconde Majesté, puisque cette seconde Majesté n'est qu'un écoulement de la première, c'est-à-dire, de la divine, qui, pour le bien des choses humaines, a voulu faire rejaillir quelque partie de son éclat sur les Rois (23).

Si l'on considère ensuite la conduite de ces conspirateurs, par rapport au Prince légitime, on aura bientôt reconnu que les principaux traits qui la caractérisent sont l'injustice et la perfidie.

Ces factieux devoient à leur Prince légitime une soumission, une obéissance, un respect,

(22) Dieu prend en sa protection tous les gouvernemens légitimes en quelque forme qu'ils soient établis ; qui entreprend de les renverser, n'est pas seulement ennemi public, mais encore ennemi de Dieu. (Bossuet. Politique, tirée des propres paroles de l'Ecriture Sainte. Liv. 2. art. 1.)

(23) Bossuet. Polit. Liv. 3. Art. 2.

pect, une fidélité inaltérables : ils devoient l'aimer comme le bien public, comme le salut de tout l'état, comme l'air qu'ils respirent, comme leur vie, et plus que leur vie (24) : et au mépris des lois de Dieu, foulant aux pieds les droits, les devoirs, les engagemens les plus sacrés, ils le trahissent, lèvent contre lui l'étendard de la révolte, en agissent à son égard comme des ennemis acharnés, le persécutent, l'outragent, le dépossèdent : quand donc seroit-on injuste et perfide, si une conduite si monstrueuse pouvoit être exempte de ces reproches ? Mais lorsque l'aveuglement et la fureur sont portés jusqu'au point que des sujets osent élever un tribunal contre leur légitime Souverain, se constituer juges de sa personne, prononcer contre l'Oint du Seigneur un arrêt sanguinaire et le faire exécuter, alors il ne reste plus d'expressions pour caractériser l'énormité d'un pareil forfait ; l'Univers entier frémit en apprenant qu'il s'est trouvé des hommes capables de le commettre ; le siècle qui l'a vu s'indigne d'en avoir été souillé ; et son

(24) Un bon sujet aime son Prince comme le bien public, comme le salut de tout l'Etat, comme l'air qu'il respire, comme sa vie, et plus que sa vie. (Bossuet. Polit. Liv. 6. Art. 1.)

son exécrable souvenir ira d'âge en âge révolter la postérité la plus reculée.

Enfin ceux qui pour assurer le succès du complot qu'ils ont tramé contre leur Prince légitime cherchent à séduire les peuples par l'appât d'une égalité chimérique, et *vont flatter dans le cœur des peuples ce secret principe d'indocilité, cette liberté farouche,* qui est la cause des révoltes (25); ceux, disons-nous, qui emploient de si odieuses manœuvres, sont justement responsables des malheurs qu'ils attirent sur la nation toute entière; et l'excès de ces malheurs, quel pinceau pourroit le rendre ?

“ Flatter le peuple, pour le séparer des
“ intérêts de son Roi, c'est lui faire la plus
“ cruelle de toutes les guerres, et ajouter la
“ sédition à ses autres maux (26).” Dès lors toutes les passions ayant rompu leurs digues, bientôt tout l'Etat est en proie au plus terrible des fléaux, à l'affreuse anarchie, à cette liberté farouche et sauvage, où chacun peut tout prétendre, et en même temps tout contester; où tous sont en garde, et par conséquent en guerre continuelle contre tous;
“ où la raison ne peut rien, parce que cha-
“ cun

(25) Bossuet. cinq. Avert. aux Protest.

(26) Bossuet. Polit. Liv. 6. Art. 1.

« cun appelle raison la passion qui le trans-
« porte ; où le droit même de la nature de-
« meure sans force, puisque la raison n'en a
« point ; où, par conséquent, il n'y a ni pro-
« priété, ni domaine, ni bien, ni repos assuré,
« ni, à dire vrai, aucun droit, si ce n'est ce-
« lui du plus fort, encore ne sait-on jamais
« qui l'est, puisque chacun à son tour peut
« le devenir, selon que les passions feront con-
« jurer ensemble plus ou moins de gens (27). »
Aussi ne voit-on de toutes parts que deuil et que douleur, que rapines, qu'incendies, que carnages : la terre s'épouvante de voir ses infortunés habitans transformés en bourreaux ou en victimes ; elle est arrosée de leurs larmes, jonchée de leurs cadavres, baignée dans leur sang ; on voit en un mot s'accomplir à l'égard de ce déplorable pays, cette terrible parole du Prophète : « Le tombeau a étendu ses en-
« trailles, et ouvert son entrée jusqu'à l'in-
« fini : et tout ce qu'il y a de puissant, d'illus-
« tre, et de glorieux dans Israël y descend en
« foule pêle-mêle avec son peuple (28). »

Que

(27) Bossuet. cinq. Avert. aux Protest.

(28) Dilatavit infernus animam suam et aperuit os suum absque ullo termino et descendunt fortes ejus (Israel) et populus ejus, et sublimes gloriosique ejus ad eum. (Isai. v. 14.)

Que si du sein de cette anarchie l'on voit enfin sortir quelque forme de gouvernement, mais à laquelle le Prince légitime n'ait point la part qui lui est due, il faut être bien attentif à ne se faire illusion, ni sur les effets de ce changement, ni sur le caractère de la forme de gouvernement qui s'introduit.

Il se peut faire que le nouvel ordre de choses allège un peu le poids des calamités sous lesquelles l'anarchie faisoit gémir le peuple; mais il ne satisfait ni à Dieu, ni à César, puisqu'au mépris du précepte de Dieu, il n'y est point rendu à César, ce qui appartient à César.

Cette nouvelle forme de gouvernement porte sur le front l'empreinte de l'iniquité, par cela même qu'elle exclut le Prince légitime, et ce signe odieux frappe tous les regards attentifs: aussi ne peut-elle constituer qu'une puissance de fait, et non pas une puissance de droit; aussi n'a-t-elle que la possession ou plutôt l'usurpation (29); mais le sceptre continue d'appartenir au Prince légitime, quoique l'exercice actuel de l'autorité se trouve

---

(29) La possession donne sans doute le droit civil aux couronnes....quand il n'y a point de prétendant légitime, mais s'il y en a un, la possession est une usurpation. (Essai sur le gouvernement civil, selon les principes de M. de Fénélon, ch. ix. Londres, 1722.)

en d'autres mains; mais le Prince légitime continue de conserver tous ses droits, quoiqu'il soit forcé d'en suspendre encore l'exercice: ainsi Joas échappé aux fureurs d'Athalie, et caché dans le temple par les soins de Josabeth, y conserva, durant tout le temps de la tyrannie d'une Reine dénaturée, le droit qu'il avoit au trône de David (30).

Il ne nous suffisoit pas de garder jusqu'à la mort le serment fait à Dieu d'être fidèles à notre Prince légitime et à ses légitimes successeurs, il étoit de notre devoir d'éclairer tous leurs sujets sur la stricte obligation de leur garder cette même fidélité: nous leur avons montré que cette obligation est fondée sur la parole de Dieu, sur la doctrine de l'Eglise, sur l'autorité de la tradition, et que son observation étoit essentiellement liée avec leur bonheur temporel et éternel.

En conséquence, pour remplir nos devoirs d'Evêques et de Sujets, nous déclarons:

1° Que Notre très-honoré Seigneur et Roi légitime Louis XVIII conserve, dans toute leur intégrité, les droits qu'il tient de Dieu à la Couronne de France.

Nous déclarons, 2° que rien n'a pu dégager les François ses sujets de la fidélité qu'ils

---

(30) IV Reg. xi.

doivent à ce Prince en vertu de la loi de Dieu, et protestons contre tous actes contraires à cette présente déclaration.

✝ ARTHUR RICHARD DILLON, Archevêque et Primat de Narbonne, Commandeur de l'Ordre du Saint Esprit.

✝ LOUIS-FRANÇOIS-MARC-HILAIRE DE CONZIÉ, Evêque d'Arras.

✝ JOSEPH-FRANÇOIS DE MALIDE, Evêque de Montpellier.

✝ LOUIS-ANDRÉ DE GRIMALDI, Evêque, Comte de Noyon, Pair de France.

✝ JEAN-FRANÇOIS LAMARCHE, Evêque de Léon.

✝ PIERRE-AUGUSTIN DE BELBEUF, Evêque d'Avranches.

✝ SÉBASTIEN-MICHEL AMELOT, Evêque de Vannes.

✝ HENRI-BENOÎT-JULES DE BETHISY, Evêque d'Uzès.

✝ SEIGNELAI COLBERT, Evêque de Rodez.

✝ CHARLES-EUTROPE DE LA LAURANCIE, Evêque de Nantes.

✝ PHILIPPE-FRANÇOIS D'ALBIGNAC, Evêque d'Angoulême.

✝ ALEXANDRE-HENRI DE CHAUVIGNI DE BLOT, Evêque de Lombez.

ETIENNE-JEAN-BAPTISTE-LOUIS DES GALOIS DE LA TOUR, Evêque Né de Moulins.

Londres, ce 8 Avril 1804.

De l'Imprimerie de Cox, Fils, et Baylis, No. 75, Great Queen-Street, Lincoln's-Inn-Fields.

LETTRE

DE

Mgr. L'ARCHEVÊQUE DE NARBONNE

AU

TRÈS-SAINT PÈRE LE PAPE

PIE VII.

A LONDRES:

De l'Imprimerie de Cox, Fils, et Baylis, No. 75, Great Queen-Street, Lincoln's-Inn Fields,

Et se trouve chez JULIEN et Co. Soho-Square.

1805.

Lettre de Monseigneur l'Archevêque de NARBONNE *au Très-Saint Père le Pape PIE VII.*

TRÈS-SAINT PÈRE,

JE suis, comme le plus ancien des Evêques François réfugiés en Angleterre, chargé par mes respectables Collègues de l'honorable commission d'adresser à Votre Sainteté, la suite de nos Réclamations Canoniques sur la Convention faite entre elle et le gouvernement actuel de France, ainsi que sur les articles organiques de cette Convention : nous y joignons notre Déclaration sur les Droits de Sa Majesté Très-Chrétienne le Roi de France : ces actes remplissent l'engagement pris à la fin de nos premières réclamations ; ils ne sont, comme le verra Votre Sainteté, que la suite des conclusions et réserves qui les terminent, et par conséquent, la pensée et les sentimens de tous ceux qui ont signé le premier acte. Seuls réunis dans un même lieu, seuls à l'abri de toutes les vicissitudes des événemens, bien instruits des principes et des intentions de nos confrères dispersés sur le Continent, seuls enfin pouvant réunir nos signatures sans ajouter de nouveaux délais à ceux qu'a nécessité la rédaction de ces ouvrages, nous nous empressons de les faire parvenir à Votre Sainteté, de qui il est si intéressant et si urgent qu'ils soient promptement connus.

Prosterné aux pieds de Votre Sainteté, j'implore humblement sa bénédiction Apostolique, et je suis,

TRÈS-SAINT PÈRE,

DE VOTRE SAINTETÉ,

Le très-humble et très-obéissant serviteur et fils,

✝ ARTHUR-RICHARD DILLON,
Arch. et Primat de Narbonne, Commandeur de l'Ordre du S. Esprit.

Londres, 15 *Avril*, 1804.

De l'Imprimerie de Cox, Fils, et Baylis, No. 75, Great Queen-Street, Lincoln's-Inn-Fields.

Traduction de la suite des Réclamations Canoniques et très-respectueuses, adressées à Notre Très-Saint Père le Pape PIE VII, par la Providence divine Souverain Pontife, contre différens Actes relatifs à l'Eglise Gallicane.

TRÈS-SAINT PÈRE,

Les Réclamations canoniques et très-respectueuses contre différens Actes relatifs à l'Eglise Gallicane que nous avons déjà mises aux pieds de Votre Sainteté, ont eu principalement pour objet les cinq premiers articles de la Convention conclue entre Votre Sainteté et le Gouvernement François, le 15 Juillet 1801, et ce qui a été fait ensuite pour mettre ces cinq articles à exécution.

Nous y avons représenté à Votre Sainteté, avec le profond respect qui lui est dû, et les témoignages les plus expressifs d'une soumission

sion filiale, ce que nous avions reconnu dans l'amertume de notre âme, que, du consentement donné par Votre Sainteté à ces cinq articles, et de ce qui a été fait ensuite pour les mettre à exécution, *il résulteroit* (contre l'intention sans doute de Votre Sainteté) *que si l'on ne se hâtoit de remédier au mal, si, par des délais, on le laissoit s'enraciner, la Catholicité souffriroit un énorme préjudice ; les droits sacrés de l'Episcopat se trouveroient anéantis ; la Constitution de l'Eglise se trouveroit altérée ; l'état entier de la Religion deviendroit précaire et incertain, et se verroit à la merci de tout gouvernement civil qui prétendroit dicter des lois, même en ce qui concerne les objets qui appartiennent le plus à l'ordre surnaturel* (1) ; qu'enfin toutes les opérations qui avoient eu lieu jusqu'alors dans l'affaire dont il s'agit, n'avoient abouti qu'à rendre l'état de la Religion Catholique en France *plus fâcheux, et le danger de sa perte plus imminent* (2).

En même temps, nous nous sommes aussi *réservé la faculté d'exposer encore d'autres griefs auxquels donnent lieu surtout la Convention, conclue entre Votre Sainteté et le Gouvernement*

(1) Trad. des Réclam. Pag. 39.

(2) Trad. des Réclam. Pag. 92.

nement François le 15 *Juillet* 1801; *les articles dits Organiques de cette Convention, publiés à Paris le* 6 *Avril* 1802, *et tant de faits affligeans qui, ayant suivi la publication de ces deux Actes, semblent en être les fruits amers, d'où il résulte que de pernicieuses nouveautés sont introduites dans l'Eglise; que la Religion de la Seconde Majesté est lésée; qu'enfin les droits de Dieu même et ceux des hommes sont si peu respectés, que Dieu n'a plus ce que la piété lui a consacré, et que les hommes se trouvent frustrés de leurs propriétés incontestables* (3); Griefs auxquels s'étendent nos réclamations.

Obligés, pour ne manquer à aucun de nos devoirs, de remplir cette seconde partie d'une tâche si pénible, et d'exposer ces autres griefs que, jusqu'à présent, nous n'avions fait qu'indiquer, nous commençons par celui auquel donnent lieu les articles VI, VII, VIII, et XVI de la Convention du 15 Juillet 1801. Cette marche nous semble tracée par le rang même que les trois premiers de ces articles tiennent dans la susdite Convention. Ces articles portent :

Art. VI. *Les Evêques, avant d'entrer en fonctions, prêteront directement entre les mains du*

(3) Trad. des Réclam.. Pag. 147.

du premier Consul le serment de fidélité qui étoit en usage avant le changement de gouvernement, exprimé dans les termes suivans :

" Je jure et promets à Dieu sur les saints
" Evangiles, de garder obéissance et fidélité
" au gouvernement établi par la Constitution
" de la République Françoise : je promets
" aussi de n'avoir aucune intelligence, de
" n'assister à aucun conseil, de n'entretenir
" aucune ligue, soit au dedans, soit au dehors,
" qui soit contraire à la tranquillité publique ;
" et si dans mon Diocèse, ou ailleurs, j'ap-
" prends qu'il se trame quelque chose au pré-
" judice de l'Etat, je le ferai savoir au gou-
" vernement."

Art. VII. *Les Ecclésiastiques du second ordre prêteront le même serment entre les mains des autorités civiles désignées par le gouvernement.*

Art. VIII. *La formule de prière suivante sera récitée à la fin de l'office divin dans toutes les Eglises Catholiques de France :*

Domine, salvam fac Rempublicam.
Domine, salvos fac Consules (4).

Art. XVI. *Sa Sainteté reconnoît dans le premier*

(4) Seigneur, sauvez la République.
Seigneur, sauvez les Consuls.

premier Consul de la République Françoise les mêmes droits et prérogatives dont jouissoit près d'elle l'ancien gouvernement (5).

Nous nous bornerons ici à considérer les effets qu'a produits le consentement donné par Votre Sainteté à de si étonnantes stipulations. Que ces effets sont déplorables! et qu'il nous seroit difficile de peindre la douleur profonde dont leur vue pénètre des Evêques qui regardent comme un devoir sacré la fidélité inébranlable à leur légitime Souverain.

Votre Sainteté n'ignore pas que la France a un Roi légitime: elle l'a solemnellement reconnu elle-même en écrivant à cet auguste Prince, comme aux autres têtes couronnées, pour lui faire part de son avénement au Siége de Saint Pierre.

En effet, le 14 Mars 1800, Votre Sainteté a adressé à Louis XVIII Roi Très-Chrétien une lettre, dans laquelle on lit :

" La divine Providence, toujours impé-
" nétrable dans ses jugemens, a voulu nous
" charger du très-pesant fardeau de régir et
" de gouverner son Eglise....Une de nos pre-

(5) Convention entre Sa Sainteté et le Gouvernement François, Paris, 15 Juillet 1801. (26 Messidor de l'an 9 de la République Françoise.)

" mières pensées au milieu des sollicitudes " multipliées dont nous sommes accablés dans " ces premiers momens, a été de faire part " nous-mêmes à Votre Majesté de la nouvelle " de notre élection. ... Certes, nous n'omet- " trons rien pour vous faire connoître notre " prédilection particulière, et nous recher- " cherons avec empressement les occasions " de pouvoir montrer à Votre Majesté quelle " est notre estime et notre amour pour elle. " Nous prions Votre Majesté d'être persua- " dée de ces sentimens intimes de notre " cœur, et de croire que nous ne négligerons pas d'offrir à Dieu des vœux continuels " pour.....Votre Majesté Très-Chrétienne, à " laquelle et à sa Royale Compagne, nous " donnons, avec la plus grande affection " de notre cœur, la Bénédiction Paternelle " Apostolique (6)."

Souverain

---

(6) Carissimo in Christo filio nostro Ludovico XVIII, Regi Christianissimo.

Pius Papa VII.

La divina Providenza sempre imperscrutabile nei suoi giudizii, ha voluto addossarci il gravissimo peso di regere e governare la sua Chieza....Uno dei primi nostri pensieri, anche in mezzo alle moltiplici cure onde siamo oppressi in questi primi momenti, e stato quello di participare noi

stessi

Souverain vous-même au temporel dans vos Etats, Très-Saint Père, en même temps que chef visible de la Religion seule véritable, sous ce double rapport, vous n'avez assurément voulu nuire en aucune manière aux droits que tient de Dieu le successeur légitime de tant de Monarques qui ont regardé et chéri comme les plus beaux de leurs titres, les titres religieux de fils aînés de l'Eglise, et de Rois très-chrétiens. Cependant les quatre articles de la Convention contre lesquels nous nous trouvons maintenant forcés de réclamer, ont fait, (contre l'intention sans doute de Votre Sainteté) sur beaucoup d'esprits, de si funestes impressions, que ces droits incontestables,

 et

---

stessi a V. M. la notizia della nostra elezione . . . . noi certamente non tralasceremo . . . . di far la conoscere la nostra particolar predilezione e chercheremo studiosemente tutte le occasioni onde poter dimostrare alla V. M. qual sia la nostra stima, e nostro amore verso di lei . . . Noi preghiamo la V. M. d'esser persuasa di questi nostri sentimenti, e di credere che non lasceremo di offrire à Dio continui voti per la V. M. Christianissima, a cui colla piu grande affezione del nostro cuore diamo unitamente alla sua Real Consorte la paterna Apostolica benedizione.

Datum Venetiis apud S. Georgium Majorem, die 14 Marii anni 1800. Pontificatûs nostri anno primo.

Pius qui supra.

et consacrés par l'autorité de Dieu même, en ont souffert un énorme préjudice.

Plusieurs de ceux qui avant le Concordat conclu entre V. S. et le gouvernement François, regardoient ce gouvernement comme illégitime, ainsi qu'il l'est en effet ; qui étoient bien convaincus que le descendant, l'héritier, le successeur légitime de St. Louis, avoit seul droit de régner sur le peuple que ce Saint Roi a gouverné avec tant de gloire ; qui en conséquence conservoient religieusement à leur Roi la fidélité qu'ils lui doivent, par le fait même de leur naissance, ont paru, depuis la publication des quatre articles dont il s'agit, avoir changé d'idées et de sentimens : et dès lors appuyés sur l'aveu qu'il leur a semblé que V. S. donnoit aux droits de la nouvelle puissance, leur conviction s'est affoiblie, et ils ont cherché à se persuader que le gouvernement actuel étoit légitime ; que l'héritier de St. Louis étoit déchu du droit au sceptre que ce Saint Roi a porté : qu'enfin ils étoient eux-mêmes déchargés de toute obligation envers le Prince, dont Dieu les a faits naître sujets ; comme si ces quatre articles se réunissoient à prouver que V. S. reconnnoît que le gouvernement actuel de la France est légitime ; que l'héritier de St. Louis n'a plus de droit à la couronne,

couronne, et que les François n'ont plus de devoirs à remplir envers le successeur des Rois qui, durant tant de siècles, ont gouverné leurs pères.

Hélas ! il n'a malheureusement été que trop facile d'insinuer cette fausse opinion à des esprits inconsidérés, en leur présentant les trois articles suivans de la Bulle *Ecclesia Christi* confirmative du Concordat,

En effet, parce que dans la Bulle *Ecclesia Christi*, on lit :

1°. *Afin que ceux qui gouvernent la République, soient plus assurés de la fidélité des Evêques, et de leur obéissance, nous avons consenti que les Evêques, avant de se mettre en devoir de remplir les fonctions Episcopales, prêtassent devant le premier Consul le serment de fidélité qui étoit en usage avant le changement de régime, qui est conçu en ces termes :* " Je jure et promets " à Dieu sur les Saints Evangiles, de garder " obéissance et fidélité au gouvernement éta- " bli par la constitution de la république " Françoise : je promets aussi de n'avoir au- " cune intelligence, de n'assister à aucun con- " seil, de ne conserver aucune union sus- " pecte, ni au dedans, ni au dehors, qui soit " nuisible à la tranquillité publique : et si, " tant dans mon Diocèse qu'ailleurs, j'ai con-

,, noissance

« noissance qu'il se trame quelque chose au « préjudice de l'Etat, je le ferai savoir au « gouvernement."

Et pour les mêmes raisons, nous avons consenti que les Ecclésiastiques du second ordre prêtassent le même serment devant les autorités civiles qui seront désignées par ceux qui gouvernent la République.

2° *Nous avons jugé conforme à la piété et nécessaire au bonheur public que nous souhaitons, que pour l'utilité et le salut de la France, le secours divin soit imploré par des prières publiques : c'est pourquoi, dans toutes les Eglises Catholiques qui sont en France, après les offices divins, l'on priera en ces termes :*

Domine, salvam fac Rempublicam.

Domine, salvos fac Consules. (7)

3° *Enfin nous avons déclaré que nous reconnoissons dans le premier Consul de la République Françoise les mêmes droits et privilèges dont l'ancien gouvernement jouissoit auprès du St. Siége* (8)

Parce que, disons-nous, la Bulle *Ecclesia Christi*

(7) Seigneur, sauvez la République.
Seigneur, sauvez les Consuls.

(8) Bulla *Ecclesia Christi*, Rome, Ste. Marie Majeure l'an de Notre Seigneur 1801. le 18 des Calendes de Septembre.

Christi contient ce qui vient d'être cité, on n'a pas balancé à dire :

1.° Sa Sainteté a consenti que les Evêques et les Ecclésiastiques du second ordre prêtassent serment de fidélité et d'obéissance au gouvernement établi par la Constitution de la République Françoise, jusqu'à s'engager à faire savoir à ce gouvernement tout ce qu'ils apprendroient se traiter, quelque part que ce fût, au préjudice de l'Etat ; m[illegible]st hors de doute que le gouvernem[illegible] ce serment, regarde comme [illegible] à l'Etat tous projets qui auroient p[illegible]-blissement du Souverain légitime : [illegible]t nommément de ces projets, s'il s'en [illegible] quelques-uns, qu'il est jaloux d'être ins[illegible] et qu'il faudroit s'aveugler volontairem[illegible] pour ne point voir que ce gouvernement, en prescrivant le serment dont il s'agit, entend qu'il s'étende aux dits projets : ainsi Sa Sainteté qui ne peut assurément tolérer qu'aucun serment soit fait autrement que *selon l'intention de celui qui l'exige, connue par celui qui le prête* (9), a réellement consenti que les Evêques et les Ecclésiastiques du second ordre prêtassent

(9) S. Aug. Epist. cxxv.

prêtassent serment d'obéissance et de fidélité au gouvernement établi par la Constitution de la République Françoise, jusqu'à s'engager à faire savoir à ce gouvernement, tout ce qu'ils apprendroient se projeter, quelque part que ce pût être, dans la vue de rétablir le Souverain légitime : mais Sa Sainteté auroit-elle pu donner un pareil consentement, si elle ne regardoit le gouvernement actuel de la France comme légitime, et l'héritier de St. Louis, comme déchu du droit au trône ?

2° Sa Sainteté a ordonné que dans toutes les Eglises Catholiques de France, après les offices divins, on priât en ces termes :

Domine, salvam fac Rempublicam.
Domine, salvos fac Consules (10).

et par conséquent elle a prescrit des prières publiques pour demander à Dieu la conservation de la nouvelle forme de gouvernement introduite en France : or Sa Sainteté auroit-elle pu prescrire cette manière de prier, et en même temps considérer le gouvernement actuel de la France comme illégitime ? Seroit-ce une chose conforme à la piété que d'ordonner de prier pour la conservation d'une forme de gouvernement

(10) Seigneur, sauvez la République.
Seigneur, sauvez les Consuls.

gouvernement qu'on juge être née du crime, et porter encore, parce que rien ne l'a effacée, la tache affreuse de sa coupable origine ? Prier à cette fin, que seroit-ce, sinon demander à Dieu qu'il conserve une forme de gouvernement contraire à l'ordre qu'il a établi, un état de choses qu'il ne peut manquer d'avoir en horreur, puisqu'il blesse grièvement sa Souveraine Majesté ? et peut-on penser que le chef visible de l'Eglise ait voulu faire retentir tous nos temples d'une pareille invocation ?

3º Sa Sainteté a déclaré qu'elle reconnoissoit dans le premier Consul de la République Françoise les mêmes droits et priviléges dont l'ancien gouvernement jouissoit auprès du St. Siége : il est assurément impossible de se dissimuler l'étendue de cette déclaration : Sa Sainteté y reconnoît (et telle étoit aussi l'intention indubitable du gouvernement avec lequel elle traitoit), dans le premier Consul de la République Françoise, non-seulement l'exercice des droits et priviléges dont les Rois Très-Chrétiens jouissoient auprès du St. Siége, mais ces droits et ces priviléges eux-mêmes : or Sa Sainteté auroit-elle pu reconnoître dans le premier Consul de la République Françoise ces droits et ces priviléges eux-mêmes, si elle croyoit que l'héritier de St. Louis en est encore investi,

 si

si elle pensoit que ce Prince conserve encore quelque droit à la couronne à laquelle ces droits et ces priviléges appartiennent ?

Cette erreur sur les droits du Roi s'est répandue dans le public, et elle a été entretenue par des écrits qu'ont fait paroître des Evêques nommés ensuite de la Convention du 15 Juillet 1801. On lit dans ces écrits :

1° " La justice n'a de soutien que l'éta-
" blissement des gouvernemens et la sou-
" mission aux lois . . . chacun renonce à sa
" volonté, la transporte et la réunit à celle
" des Magistrats . . . . c'est pourquoi nous
" ne cessions d'élever les mains vers le ciel,
" et de lui demander dans nos plus ferventes
" prières, que *le Seigneur, le Dieu des esprits*
" *de tous les hommes donnât à cette multitude*
" *des magistrats pour la gouverner qui marchas-*
" *sent devant elle et qui la conduisissent, de*
" *peur que le peuple ne fût comme des brebis*
" *sans Pasteur* (11). Nos prières ont été
" exaucées, et le vœu du peuple s'est fait en-
" tendre . . . . la France pacifiée reçoit des
" magistrats selon son vœu . . . elle proclame
" la perpétuité d'un chef qu'elle chérit, et
" elle

(11) Vid. Num. xxvii. 16. 17.

« elle reçoit des lois selon la justice . . . c'est « pourquoi nous vous appelons de toutes nos « forces aux pieds des Saints Autels pour y « offrir au Tout-Puissant de justes actions de « grâces . . . . pour que vous vous écriiez en « face du Saint des Saints : *Vivat Salomon*.... « nous vous y appelons pour mettre sous la « puissante sanction du Dieu de nos pères, « les lois qui garantissent la stabilité de la Ré- « publique . . . . car les hommes passent, « mais les lois sont immortelles ; l'Etat sub- « siste toujours, et le mérite de ceux qui l'ont « servi, est immortel comme les lois mêmes « (12)".

2° « Une monarchie puissante a péri.... « cest dans les mains d'un homme qui a été « conduit par la Providence . . . . que la « France remet les rênes de l'Empire et le soin « glorieux de ses destinées. . . . c'est aussi le « vœu de la nation qui l'appelle, et la Religion « consacre par une sanction solennelle le vœu « de la nation. C'est comme citoyens, c'est « comme fidèles, que vous devez servir un « gouvernement qui se lie à tous les intérêts

(12) Mandement de M. de Belloy (nommé ensuite de la Convention), Archevêque de Paris. Donné à Paris, le Lundi, 21 Thermidor, an 10.

" de l'Eglise, comme à ceux de la prospérité
" publique. Les desseins de la Providence
" sont remplis; et vous devez, François et
" Chrétiens, servir de toutes vos facultés, en-
" vironner de votre amour et de votre recon-
" noissance ce gouvernement protecteur, ce
" gouvernement légitime, à la fois national
" et catholique, sans lequel nous n'aurions
" ni culte ni patrie (13)."

3° " Quelle dette est donc la nôtre, nos " très-chers frères, envers le gouvernement, " envers son chef suprême surtout . . . magis- " trats, citoyens, dépositaires de l'autorité, " les mêmes liens, le même appui récipro- " que qui unissent le gouvernement au St. " Siége et le Sanctuaire à la République, sont " aussi nos liens et la dette commune d'un " appui mutuel. En toute occasion, nous di- " rons aux peuples que votre autorité vient " de Dieu, et nous avertirons quiconque vous " résisteroit, qu'il est rebelle à l'ordre que " Dieu

---

(13) Instruction pastorale de M. de Boisgelin (nommé ensuite de la Convention), Archevêque de Tours, aux curés des Eglises paroissiales et aux desservans des Eglises succursales de son Diocèse. Donnée à Tours l'an de Notre Seigneur 1802, le 30 Décembre (9 Nivose, an XI de la Rép. Franç.).

" Dieu a établi. Tels sont les devoirs et la " morale des Evêques et des ministres de " l'intérieur du Sanctuaire. Vous êtes *les évê-" ques du dehors :* c'est de ce nom que les " Saints ont appelé la puissance que vous avez " de protéger l'Eglise : votre Episcopat n'est " pas moins un devoir envers elle que le nô-" tre : elle fonde sur l'un et sur l'autre de " grandes espérances (14)."

A la vue de cet égarement de l'opinion, de cet oubli de la Religion de la seconde Majesté, il nous a été impossible de garder le silence, et pour remplir les obligations que nous impose la double qualité d'Evêques et de sujets, nous avons déclaré dans un acte dressé à cet effet, que notre très-honoré Seigneur et Roi légitime Louis XVIII, conserve dans toute leur intégrité les droits qu'il tient de Dieu à la couronne de France, que rien n'a pu dégager les François de la fidélité qu'ils doivent à cet auguste Prince, en vertu de la loi de Dieu ; et nous avons protesté contre tous actes contraires à cette déclaration.

Nous

---

(14) Lettre pastorale de M. de Pancemont (nommé ensuite de la Convention), Evêque de Vannes. Donné à Vannes, le Jeudi 1er. Fructidor, an 10. (19 Août 18[illegible]).

Nous mettons aux pieds de Votre Sainteté un exemplaire de nos susdites déclaration et protestation.

Et en même temps, nous ne pouvons nous empêcher de faire des réclamations semblables contre l'article XIII de la susdite Convention que Votre Sainteté a ratifié en ces termes : *Persistant dans la résolution de condescendre pour le bien de l'unité à tous les sacrifices auxquels il est possible de se prêter en conservant la Religion, et aussi pour coopérer, autant qu'il est en nous, à la tranquillité de la France qui seroit de nouveau plongée dans le trouble, s'il falloit revendiquer les biens ecclésiastiques aliénés, et afin (ce qui est le plus important) que l'heureux rétablissement de la Religion Catholique ait lieu ; nous, suivant les exemples de nos prédécesseurs, déclarons que ceux qui ont acquis les biens ecclésiastiques aliénés, ne seront inquiétés en aucune manière, ni par nous, ni par les Souverains Pontifes nos successeurs : et en conséquence, la propriété de ces mêmes biens, les revenus et droits y attachés demeureront incommutables entre leurs mains, et celles de leurs ayant cause* (15).

Votre Sainteté elle-même, dans la lettre qu'elle

(15) Bull. Ecclesia Christi.

qu'elle a adressée à tous les Evêques Catholiques au commencement de son Pontificat, nous a rappelé de la manière la plus solennelle les devoirs que nous avons à remplir à l'égard des biens consacrés au Seigneur : " qu'avons-" nous à vous prescrire, Vénérables Frères," (lisons-nous dans cette lettre) " sur ce qui " concerne le dépôt des biens de l'Eglise, " qui sont, comme l'enseignent et le décla-" rent les Pères, les Conciles, les divines " Ecritures, *des offrandes faites au Seigneur,* " *des deniers sacrés, la subsistance des saints,* " *la chose de Dieu,* et dont l'Eglise se trouve " aujourd'hui misérablement privée et dé-" pouillée ? Nous ne vous enjoignons qu'une " seule chose à cet égard, savoir de n'omet-" tre ni soins ni efforts pour que chacun " comprenne et grave dans son esprit la dé-" cision courte, claire et exacte donnée au-" trefois par un Concile d'Aix-la-Chapelle " en ces termes : *Quiconque aura enlevé, ou* " *entrepris d'enlever ce que d'autres fidèles ont* " *consacré à Dieu des biens qui leur sont échus* " *en héritage, pour les besoins de leurs âmes,* " *pour l'honneur et la splendeur de l'Eglise et* " *l'entretien des ministres, fait indubitablement* " *servir les offrandes des autres, à mettre son* " *âme en danger.* Si nous nous déterminons

" à

« à réclamer ces biens, dont il nous est or-
« donné d'être *de prudens et fidèles dispensa-*
« *teurs*, certes, (et nous pouvons en toute ma-
« nière l'assurer, aussi bien que St. Agapet
« notre prédécesseur), nous ne sommes point
« mûs par *un attachement sordide aux choses*
« *de la terre et aux intérêts temporels, mais par*
« *la considération du compte qu'il en faudra*
« *rendre au jugement de Dieu* (16). »

Et en lisant ce passage de la lettre de Votre Sainteté, nous avons cru entendre retentir à nos oreilles le langage uniforme de la tradition de tous les siècles de l'Ere Chrétienne : c'est ainsi en effet que se sont expliqué sur cet objet les Souverains Pontifes vos prédécesseurs, les Conciles et les Evêques qui se sont rendus les plus recommandables par les services immortels qu'ils ont rendus à la Religion.

C'est ainsi que se sont expliqué :

S. Nicolas I. dans sa lettre aux habitans de l'Aquitaine : « Nous avons appris que par-
« mi vous quelques-uns s'élèvent contre le
« Seigneur de manière .... qu'ils ne crai-
« gnent point de piller les Eglises et de dé-
« tourner

(16) SS. D. D. N. N. Pii Papæ VII. Litt. Encycl. 15 Maii 1800.

« tourner les choses qui leur appartiennent....
« Il nous seroit impossible d'exprimer la dou-
« leur dont une pareille entreprise a pénétré
« notre âme. C'est pourquoi, nos très-chers
« fils, nous avons soin de vous exhorter pour
« l'intérêt de votre salut, non-seulement à
« mettre fin à une si étrange barbarie, mais
« encore à réparer un si énorme sacrilége,
« en rendant tout ce qu'en contravention de
« la loi, vous avez enlevé, ou par violence,
« ou de quelqu'autre manière que ce puisse
« être. En effet, quoique la terre et tout ce
« qu'elle contient soit au Seigneur, cepen-
« dant on ne balance pas à regarder les biens
« que des princes religieux, ou d'autres per-
« sonnes pieuses, quelles qu'elles soient, ont
« donné aux lieux saints, comme apparte-
« nans spécialement au Seigneur, puisqu'on
« les voit consacrés à son culte, d'où il ré-
« sulte que quiconque ose usurper ces biens,
« et s'en emparer d'une manière illicite, pé-
« che indubitablement contre le Seigneur et
« est convaincu de lui porter préjudice . . . .
« c'est pourquoi nous vous prions et vous con-
« jurons . . . . de rendre sans délai à chaque
« lieu consacré au Seigneur ce qui est à lui .
« . . . car si tous ceux qui ravissent le bien
« d'autrui doivent . . . . à moins qu'ils ne ré-

 « parent

" parent leur injustice, être punis très-sévère-
" ment, sinon dans cette vie par le jugement
" des hommes, certainement dans l'autre par
" le jugement de Dieu, quel châtiment pen-
" sez-vous que doivent subir ceux qui sont
" manifestement coupables de grands maux
" commis contre le Seigneur lui-même . . .
" ainsi parce que c'est une chose terrible de
" tomber entre les mains du Dieu vivant,
" nous vous avertissons et vous exhortons à
" n'user d'aucun retardement ni délai pour
" rendre les biens des Eglises que vous rete-
" nez injustement . . . . que si quelqu'un
" d'entre vous méprise nos salutaires avis, et
" ne se met aucunement en peine de nous
" obéir, . . . en observant et accomplissant ce
" que nous nous efforçons de vous persuader,..
" qu'il soit entièrement privé de la commu-
" nion du corps adorable et du précieux sang
" de Notre Seigneur Jésus-Christ (17)".

Grégoire IX écrivant à Frédéric, Roi de Sicile : " Le cri des Eglises et du Clergé du
" royaume de Sicile est parvenu jusqu'à nous
" . . . . ils se plaignent que vous leur faites
" souffrir des traitemens injustes, et les affli-
" gez

(17) S. Nicol. pp. 1 Epist. ad Aquit.

« gez en mille manières, en leur enlevant et « leur arrachant leurs biens, ce qui est mani- « festement outrager le Rédempteur, et faire « à toute l'Eglise une injure griève . . . . « comme donc nous ne pouvons souffrir ces « procédés, sans nous exposer à un grand « péril, parce qu'ayant été, quoique sans « aucun mérite de notre part, établi Vicaire « de Jésus-Christ, nous devons et voulons, « pour maintenir la justice et défendre la li- « berté de l'Eglise, nous donner nous-mêmes, « attendant la récompense promise par celui « qui déclare heureux ceux qui souffrent « persécution pour la justice . . . . nous aver- « tissons sérieusement Votre Majesté, et « l'exhortons de rendre en entier tout ce qui « a été enlevé aux Eglises et aux personnes « Ecclésiastiques . . . . et de pourvoir par là « à sa réputation et à son salut (18)".

Les Pères du Concile de Toul dans leur lettre Synodale aux factieux du temps de Charles le Chauve :

« Plusieurs d'entre vous, renonçant à la « crainte de Dieu . . . . enlèvent les posses- « sions des Eglises... qui ont été données à « Dieu,

(18) Grégorius, pp. IX, Epist. ad Freder. Sicil. Rog. ap. Baron. an 1097.

" Dieu, par ceux qui, avant vous, ont fait pro-
" fession de la Religion Chrétienne, pour le
" salut de leurs âmes, pour la réparation des
" temples de Dieu, pour la nourriture et
" l'entretien de ceux qui payent sans cesse à
" Dieu un tribut de louanges, pour le soula-
" gement des pauvres, et s'il est nécessaire,
" pour le rachat des captifs; et parce que Dieu
" ne se venge pas sur le champ, vous possé-
" dez avec une espèce de sécurité ce que
" vous lui avez ravi . . . . ce crime énorme
" par lequel vous faites tort à vos contempo-
" rains, et aux générations futures, Dieu s'en
" vengeroit dès à présent parce qu'il est juste,
" s'il n'étoit patient : mais qu'il est à souhai-
" ter que la patience de Dieu conduise à la
" pénitence tous ceux qui en agissent ainsi....
" que si l'on s'obstine dans des crimes de
" cette nature, moins on est puni mainte-
" nant, plus le châtiment que l'inflexible
" vengeance fera subir dans la suite, sera ri-
" goureux : Dieu l'a dit : je me suis tu, me
" tairai-je toujours ? Cette parole signifie :
" je n'agis point durant cette vie : je puni-
" rai dans l'autre (19)".

St. Boniface,

(19) Conc. Tull. Synodal. Epist. ad Factiosos, ap. Baron. an 859.

St. Boniface, Archevêque de Mayence, Légat du St. Siége en Allemagne, écrivant à Athelbalde, Roi d'Angleterre : " On nous a " rapporté que vous avez violé beaucoup " de priviléges des Eglises et des Monastères, " et que vous en aviez enlevé quelques biens: " si cela est vrai, il est manifeste que c'est " un grand péché, selon le témoignage de " la Ste. Ecriture qui porte : *celui qui dérobe* " *quelque chose à son père, et qui dit que ce* " *n'est pas un péché, a part au crime des ho-* " *micides* (20). Dieu sans doute est notre " père : il nous a créés : l'Eglise est notre " mère : elle nous a spirituellement régénérés " dans le baptême : par conséquent, celui " qui par fraude ou par violence s'empare " des deniers de Jésus-Christ et de l'Eglise, se-" ra réputé homicide en présence du juste " juge.... celui qui ravit les deniers de son pro-" chain, commet une injustice : mais celui " qui enlève les deniers de l'Eglise commet " un sacrilége (21)."

C'est conformément à ces principes trans-mis

(20) Pro. xxviii. 24.

(21) St. Bonif. Arch. Mogunt. Epist. ad Athelbald, Reg. Angl. ap. Baron. an 745.

mis par une tradition non interrompue, que le Saint Concile de Trente, dans sa 22me. session tenue le 17 Septembre 1562, a rendu ce célèbre décret : " Si quelqu'un parmi les " clercs ou les laïques, à quelque dignité qu'il " soit élevé, même Impériale ou Royale, " se laisse tellement dominer par la cupidité " qui est la racine de tous maux, que .... " par lui-même, ou par d'autres, par violen- " ce, ou en imprimant la crainte .... par " quelque manœuvre, ou sous quelque pré- " texte que ce soit, il entreprenne de con- " vertir à son propre usage, les biens de quel- " qu'Eglise, lesquels doivent être employés " à subvenir aux besoins des ministres et des " pauvres, ou d'empêcher qu'ils ne soient " perçus par celui à qui de droit ils appartien- " nent, que l'auteur de pareilles entreprises " soit soumis à l'anathème, jusqu'à ce qu'il ait " entièrement restitué à l'Eglise, les juridic- " tions, les biens, les effets, les droits, les fruits, " et revenus dont il se seroit emparé ... ou " qui lui seroient parvenus de quelque ma- " nière que ce puisse être, et qu'ensuite il ait " obtenu l'absolution du Souverain Pontife " (22)."

C'est

(22) Conc. Trid. sess. xxii. cap. xi. de Reform.

C'est ainsi que l'Eglise, toujours attentive à veiller à la conservation des grands principes de morale et de justice, et animée d'un saint zèle pour le salut de ses enfans, réprime les injustices et les scandales : Eh ! quelle injustice plus énorme que de faire servir, par esprit de cupidité, par force et par menaces, la spoliation entière de l'Eglise, l'envahissement de ses ornemens précieux, jusqu'aux vases sacrés, et la vente même de ses édifices, aux succès de la révolte et au triomphe de l'iniquité ! Non jamais, cette mère tendre n'auroit pu à plus juste titre déployer sa miséricordieuse sévérité, dans la seule vue de soustraire des coupables à ce jugement sans miséricorde, qui attend tous ceux qui, obstinés dans leurs injustices, auroient méprisé ses salutaires terreurs.

Si cependant des motifs de prudence et de charité l'ont empêché quelquefois d'appliquer dans toute leur rigueur les lois qu'elle a rendues contre les spoliateurs de ses biens, qui pourroit croire qu'elle voulut jamais consacrer des invasions dont l'objet est de la détruire elle-même ? Tout ce qu'elle pourroit accorder à la nécessité des circonstances, seroit de s'écrier avec St. Ambroise : « Jamais de mon « plein gré, je n'abandonnerai la justice. Si

« je

" je suis contraint, je ne sais pas opposer la
" force à la violence : je pourrai m'affliger,
" pleurer et gémir.... Mes pleurs sont mes
" armes :.... je ne dois ni ne puis résister
" autrement....On m'a proposé de livrer les
" vases de l'Eglise, ma réponse a été que je ne
" pouvois rien ôter au temple de Dieu, ni
" livrer ce que j'ai reçu, non pour le livrer,
" mais pour le garder....A Dieu ne plaise que
" je livre l'héritage de Jésus-Christ. A Dieu
" ne plaise que je livre l'héritage des Pères,
" c'est-à-dire, l'héritage de Denis qui est mort
" en exil pour la foi ; l'héritage d'Eustorge le
" Confesseur ; l'héritage de Myroclès ; de tous
" les Evêques fidêles qui m'ont précédé(23)."

Ayant reçu ces enseignemens de ceux qui, pendant tant de siècles, ont été regardés comme les *colonnes* de l'Eglise, (24), et de l'Eglise elle-même, si nous réclamons aujourd'hui, et si nous rappelons l'observation des règles qui nous ont été tracées par des autorités si graves, sur ce qui a rapport aux biens consacrés à Dieu, nous pouvons, d'après le témoignage de notre conscience, assurer, comme St. Agapet, que nous ne sommes point mus par *un attachement sordide aux choses*

(23) St. Ambros. Or. in Auxent.
(24) Gal. 9. ii.

choses de la terre et aux intérêts temporels. (25). Si Dieu a permis qu'il y eût un temps de notre vie où nous ayons été dans l'abondance, il a daigné ensuite nous apprendre à supporter avec patience, la privation des biens périssables : soutenus par sa grâce, nous imiterons l'exemple que nous a donné St. Paul, et nous retracerons dans notre conduite ce que ce vase d'élection a pratiqué, comme il l'écrivoit aux Philippiens : *J'ai appris à me contenter de l'Etat où je me trouve : je sais vivre pauvrement, je sais vivre dans l'abondance : j'ai été instruit en toutes choses et en toutes rencontres à être bien traité, et à souffrir la faim : à être dans l'abondance et à être dans l'indigence : je puis tout en celui qui me fortifie* (26). Non, aucun sacrifice personnel ne nous coûtera, et nous embrassons volontiers la pauvreté jusqu'au tombeau ; mais nous ne pouvons perdre de vue *le compte qu'il nous faudra rendre au jugement de Dieu* (27) du patrimoine de nos Eglises ; la considération de ce redoutable jugement nous presse de ne rien omettre, pour n'être exposés à aucun reproche sur la fidélité à con-

(25) St. Agap. pp. 1. Epist. 6. ad Cæsar. Arelat.
(26) Philipp. iv. 11, 12, 13.
(27) S. Agap. pp. 1. Epist. 6. ad Cæsar. Arelat.

à conserver ce dépôt: et enfin de remplir, autant qu'il est en nous, cette partie de notre devoir :

Premièrement, nous ne dissimulerons point à Votre Sainteté les fâcheuses impressions d'étonnement et de tristesse qu'a produites sur une multitude d'esprits, la déclaration énoncée en l'article XIII rapporté cidessus de la Convention du 15 Juillet 1801, et ratifié ensuite par la Bulle *Ecclesia Christi*, qui pareillement a déjà été citée.

A peine cette déclaration a-t-elle été rendue publique, qu'on a entendu dire de toutes parts :

Pourroit-on regarder comme un apanage de la primauté d'honneur et de juridiction dans toute l'Eglise qui appartient de droit au successeur de St. Pierre, que le Souverain Pontife puisse, de son propre mouvement et par un seul acte de sa volonté, transférer en d'autres mains, la propriété de tant de biens, (ensemble des droits et revenus y attachés), dont se trouvent dépouillés 136 tant Archevêchés qu'Evêchés, autant de Chapitres Métropolitains et Cathédraux; plus de 40,000 Cures; toutes les Abbayes, Prieurés, Eglises collégiales, Monastères, Congrégations; en un mot, tous les bénéfices et établissemens religieux

gieux d'un grand royaume; et livrer à des usages profanes tous ces biens que les pieux fondateurs avoient consacrés au culte-divin, à l'entretien des ministres de l'Eglise, au soulagement des pauvres ?

Pourroit-on regarder comme un apanage de la Primauté, que le Souverain Pontife puisse faire une opération d'une aussi grande conséquence ?

1° A l'insçu des Evêques légitimes qui, par leur titre même, ont le droit incontestable et sont dans l'indispensable obligation de veiller à la garde de tous les biens consacrés à Dieu dans leurs Diocèses respectifs ?

2° A l'insçu du Souverain légitime protecteur né de ces biens, et qui de plus représente ses glorieux Ancêtres, qui ont fondé dès l'origine, ou augmenté par des donations postérieures, une si grande partie de ces établissemens de piété ?

3° Au préjudice des intérêts spirituels d'une multitude de fondateurs qui avoient donné une partie de leurs biens, pour s'assurer à eux-mêmes, à leurs auteurs, et à leurs descendans des prières dont tous se trouvent désormais privés ?

4° Au préjudice des intérêts temporels

de beaucoup d'héritiers frustrés de biens, dont les saisiroit la volonté toujours inviolable des fondateurs ? Il y a en effet beaucoup de fondateurs qui ont expressément stipulé, dans les actes même de fondation, que si la bonne œuvre pour laquelle ils donnoient leurs biens, cessoit un jour d'avoir son exécution, ces mêmes biens retourneroient alors à leurs héritiers. C'est à cette condition que lesdites fondations ont été faites et acceptées : et malgré cet engagement sacré, beaucoup d'héritiers voient aujourd'hui attribuer à d'autres la propriété incommutable de biens, dont, selon toutes les lois, la volonté si respectable de leurs auteurs les saisissoit, comme seuls légitimes propriétaires.

5°. Sans avoir pris aucune précaution efficace pour assurer la subsistance des titulaires actuels de bénéfices, des membres actuels de monastères et de congrégations ?

6°. Enfin, pour faire servir ces biens au maintien de la rébellion et au renversement de l'Autel et du Trône ?

Non, les Annales de la Religion ne fournissent aucun trait semblable : non, durant ce long espace de dix-huit siècles qui se sont écoulés depuis l'établissement de l'Eglise, aucun

cun Souverain Pontife n'a rien entrepris de pareil, aucun ne s'est attribué un pouvoir si exorbitant.

Si quelquefois pour les causes les plus urgentes, et dans la vue de procurer, comme on l'espéroit, à la Religion un avantage inappréciable, (espérance au reste que l'événement n'a point réalisée,) on en est venu dans les derniers âges, au point que quelques Souverains Pontifes aient déclaré, que des personnes qui retenoient quelques portions de biens Ecclésiastiques mal acquis, ne seroient point inquiétés à ce sujet, ni par eux-mêmes, ni par leurs successeurs dans le Saint Siége, et ne pourroient être troublés par aucune censure Ecclésiastique dans la possession desdits biens; qu'ils aient même fait réellement et absolument la condonation de quelques portions de ces biens à ceux qui en étoient les détenteurs, jamais ces Souverains Pontifes n'en ont agi ainsi dans des conjonctures où une pareille condescendance devoit manifestement entraîner tout à la fois la spoliation la plus entière et la plus complète d'un si grand nombre d'Eglises et d'établissemens de piété: jamais ils n'ont rendu leurs décrets sur ces objets, à l'insçu des Evêques canoniquement institués et existans, sans consulter les Princes légitimes,

ou

ou sans appeler, comme elles devoient l'être, les parties intéressées : enfin ils n'ont pas manqué de mettre au préalable tout en œuvre, pour faire comprendre aux détenteurs des biens dont les Eglises avoient été dépouillées, l'obligation où ils étoient de restituer les fonds et les fruits.

Telles sont, disons-nous, les réflexions qui ont été faites de toutes parts, et qui donnent assez à connoître les impressions fâcheuses d'étonnement et de tristesse qu'a produites sur une multitude d'esprits, cet article qui déclare que la propriété des biens ecclésiastiques aliénés, les droits et revenus y attachés demeureront incommutables entre les mains des acquéreurs de ces mêmes biens, ou de leurs ayant cause.

En second lieu, nous sommes forcés de mettre sous les yeux de Votre Sainteté une autre considération qui, par son importance, demande à être, de préférence à toutes les autres, attentivement pesée : c'est que, si l'on a égard surtout aux circonstances qui ont précédé et suivi la convention conclue entre Votre Sainteté et le gouvernement François le 15 Juillet 1801, il est visible que l'article XIII de cette Convention, que Votre Sainteté s'est déterminée à confirmer, dans la vue de *procurer l'heureux rétablissement de la Religion Catholique en France* (28), y a porté au contraire à cette Religion sainte, le plus grand préjudice, et même un coup mortel, si le présent ordre de choses subsiste.

Ceux qui avoient formé le funeste projet de dépouiller l'Eglise de France, et de lui ôter absolument toutes les ressources temporelles, n'ont pas trouvé de moyen plus propre à les conduire aux fins criminelles qu'ils s'étoient proposées, que de faire décréter par l'Assemblée Nationale, que les biens Ecclésiastiques étoient à la disposition de la Nation : aussi les a-t-on vus, dès qu'ils eurent réussi à faire donner à cette erreur, une apparence de loi (29), envahir aussitôt tout ce qui avoit été consacré à Dieu durant une si longue suite de siècles ; l'usurper, s'en emparer, et en disposer de la manière la plus arbitraire, avec une entière indépendance, et sans connoître à cet égard d'autre règle que leur volonté.

Certes il suffit de jeter un coup d'œil sur les vénérables monumens de la tradition pour juger

---

(28) Bull. *Ecclesia Christi.*

(29) L'Assemblée Nationale déclare que tous les biens Ecclésiastiques sont à la disposition de la Nation. Décret. 2 Novemb. 1789.

juger combien une assemblée politique qui s'est saisie de la force, abuse de cette force, dont elle s'est emparée, lorsqu'elle ne craint point d'afficher ce prétendu droit, et qu'au mépris de toutes les règles elle se permet d'exercer.

En effet, de tous les gouvernemens Chrétiens, Monarchiques ou Républicains, quelqu'étendue qu'ils aient donné au droit de haut domaine sur les propriétés de leurs sujets, aucun n'a jamais érigé en principe le droit d'en disposer à son gré, de quelque nature que fussent ces propriétés.

C'est cependant ce principe monstrueux que l'Assemblée Nationale n'a pas craint de proclamer à l'égard des propriétés ecclésiastiques, par ce décret qui porte : les Biens Ecclésiastiques sont à la disposition de la Nation.

Il est vrai qu'on a vu des puissances abuser de leurs forces, et, sans établir le droit en principe, dépouiller l'Eglise et ses ministres de toutes leurs propriétés ; mais ces spoliations universelles rappellent toujours le temps des factions, les divisions dans l'Etat, les guerres civiles, les persécutions, et la détermination de détruire la Religion, dont on usurpoit les possessions. Jamais on n'auroit imaginé que le

sacrifice

sacrifice entier de ces biens, fait aux spoliateurs, fût un moyen de rétablir la Religion.

Qu'ils ont été différens les sentimens du Prince et de l'Etat lorsqu'ils ont été animés du désir sincère de rétablir la Religion et de réparer ses pertes! Leur premier soin a été de remettre en vigueur des principes oubliés et des droits foulés aux pieds, dans des temps d'anarchie, où l'on ne connoissoit d'autres lois que celles de la force et du brigandage.

La Nation, et son auguste Souverain Charlemagne nous en offrent un bel exemple dans la requête que le peuple présenta à l'Empereur sur cet objet au Concile de Worms, et dans la réponse que l'Empereur fit à cette requête de son peuple (30).

(30) « Nous savons que les biens de l'Eglise sont « consacrés à Dieu : nous savons que ce sont des offrandes « faites par les fidèles pour la rémission de leurs péchés : « c'est pourquoi si quelqu'un les enlève aux Eglises à qui « ils ont été donnés par les fidèles pour être consacrés à « Dieu, il est hors de doute qu'il commet un sacrilége : « il faudroit être aveugle pour ne le pas voir : en effet, « quiconque d'entre nous donne ses biens à l'Eglise, les « offre et consacre au Seigneur Dieu, et à ses Saints, et « non à aucun autre : car voici ce qu'il dit, voici ce qu'il « fait ;

Il n'est en effet aucun gouvernement qui n'ait senti qu'ériger en principe le droit de disposer

---

“ Il dresse un acte énonciatif des objets qu'il désire donner à Dieu, et tenant en main cet acte devant, ou au-dessus de l'autel, il dit aux prêtres et aux gardiens du lieu : J'offre et consacre à Dieu tous les objets mentionnés dans le présent acte, pour la rémission de mes péchés, de ceux de mes parens et de mes enfans, (ou pour quelqu'autre motif que ce puisse être qui le détermine à cette offrande), afin qu'ils servent à Dieu pour les sacrifices, pour les solemnités des messes, pour les prières, pour le luminaire, pour l'entretien des pauvres et des clercs, et pour l'avantage de cette Eglise. Que si quelqu'un (ce que je ne crois nullement) les enlève, il deviendra coupable de sacrilége et en rendra un compte très-sévère au Seigneur à qui je les offre et consacre..... Si prendre quelque chose à son ami, c'est un vol; frustrer l'Eglise de ce qui lui appartient, c'est incontestablement un sacrilége : c'est pourquoi les Saints Canons qui ont été faits avec l'assistance de l'esprit de Dieu, portent : si quelqu'un veut recevoir ou donner hors de l'Eglise, ce qui a été offert à l'Eglise, et en agit ainsi, sans l'aveu de l'Evêque, ou de celui à qui ces fonctions sont commises, qu'il soit anathême.

“ A Dieu ne plaise qu'en convoitant, ou enlevant ce qui appartient aux Eglises, nous devenions sacriléges ou soumis à l'anathême... Et pour écarter entièrement de nous tout soupçon à cet égard, nous déclarons en présence de Dieu et de ses saints Anges, que nous ne voulons rien faire de semblable, ni approuver ceux qui

“ voudroient

disposer à son gré des biens consacrés à Dieu, comme de sa propriété, étoit commettre un attentat contre l'ordre social et renverser toutes les idées de justice et de Religion, pour

 leur

" voudroient le faire, mais plutôt, avec l'aide de Dieu, " leur resister....Afin donc que tout ceci soit observé dans " les temps à venir avec une entière exactitude, par vous, " et par nous, par vos successeurs et par les nôtres, or- " donnez qu'il en soit fait mention dans vos Capitulaires."

A des représentations si religieuses et si équitables, l'Empereur répondit :

" Nous octroyons ce que vous avez demandé.... " Nous savons que la chute de plusieurs Royaumes et de " leurs Rois a eu lieu, parce qu'ils ont dépouillé les " Eglises, qu'ils en ont ravagé, aliéné, pillé les biens, " et qu'ils les ont enlevé aux Evêques, et aux Prêtres, et " qui plus est à leurs Eglises....Et afin que ce que vous " venez de nous demander, soit plus religieusement ob- " servé dans la suite, nous ordonnons et enjoignons que " personne, soit de nos jours, soit dans les temps à venir, " ne demande jamais, soit à nous, soit à nos successeurs, " sans le consentement et la volonté des Evêques respectifs " les biens des Eglises, et n'ose entreprendre de les enva- " hir, de les ravager, ou de les aliéner de quelque manière " que ce puisse être. Que si quelqu'un le fait, qu'il soit " de notre temps et du temps de nos successeurs, soumis " aux peines du sacrilége : qu'il soit légalement puni par " nous, nos successeurs et nos juges, comme sacrilége, " comme homicide, comme voleur sacrilége, et qu'il " soit excommunié par nos Evêques." (Cap. Franc. Tom. 1.)

leur substituer une erreur manifestement contraire à la gloire de Dieu, parce qu'elle tend à faire disparoître de dessus la terre l'éclat des honneurs qui lui sont dus. *Les fabricateurs de ce mensonge* (31) *veulent éteindre la gloire du temple du Seigneur et de son autel* (32). Cette erreur détourneroit infailliblement les hommes d'aimer la beauté de la maison du Seigneur. On ne les verroit plus rien entreprendre, faire aucun sacrifice pour la splendeur du culte divin : et qui voudra jamais consacrer une partie de ses biens à la subsistance des ministres, à la pompe des solemnités, à l'entretien des temples, à la décoration des autels, s'il est reçu que cette destination si sainte peut être changée au gré de la force séculière ; que celle-ci peut arbitrairement s'emparer de ces biens, et sans avoir aucun égard à la volonté des pieux donateurs, les employer à des usages profanes, peut-être même, comme nous avons eu le malheur de le voir, les faire servir à la ruine de la Religion, dont ils étoient le patrimoine ?

Aussi le prédécesseur immédiat de Votre Sainteté Pie VI, s'est-il élevé avec une grande force

(31) Job, xiii. 4.
(32) Esther xiv. 8, 9.

force contre ce décret de l'Assemblée Nationale.

" Nous passons maintenant," écrivoit cet illustre Pontife, dans sa lettre Apostolique donnée à Rome à Saint Pierre le 10 Mars 1791, " à l'envahissement des biens Ecclé-
" siastiques, autre erreur de Marsille de Pa-
" doue....condamnée par une constitution de
" Jean XXII, et long-temps avant, par cette
" décision du Pape St. Boniface I. *Il n'est*
" *permis à personne d'ignorer que ce qui a été*
" *une fois donné au Seigneur, lui demeure irré-*
" *vocablement consacré, et appartient au droit*
" *des prêtres : c'est pourquoi l'on est inexcu-*
" *sable d'enlever, de ravager, d'envahir, ou de*
" *piller ce qui est à Dieu ou à l'Eglise : et*
" *quiconque se rend coupable de pareils délits,*
" *doit être regardé comme sacrilége jusqu'à ce*
" *qu'il se soit amendé et qu'il ait satisfait à*
" *l'Eglise : et celui qui refuse de s'amender,*
" *doit être excommunié*.....mais que ceux qui
" participent à l'usurpation dont il s'agit,
" lisent la vengeance que Dieu a tirée d'Hé-
" liodore et de ses complices, parce qu'ils
" avoient entrepris d'enlever du temple des
" trésors qui y étoient déposés. L'Esprit du
" Dieu tout-puissant s'est fait voir d'une ma-
" nière bien sensible pour réprimer leur

" audace,

" vengeance, en sorte que tous ceux qui avoient osé obéir à Héliodore étant renversés par une vertu divine, furent tout d'un coup frappés d'une terreur qui les mit hors d'eux-mêmes. » Qu'il est aisé de voir que dans cet envahissement des biens Ecclésiastiques, on s'est proposé entr'autres choses, et on a eu en vue de profaner les saints temples, d'attirer le mépris général sur les ministres de l'Eglise, et de détourner les autres de s'engager désormais dans la milice du Seigneur ! Car à peine avoit-on commencé à envahir ces biens, que l'abolition du culte de Dieu s'en est aussitôt suivie : les temples ont été fermés ; les ornemens sacrés ont été enlevés ; et il a été prescrit de cesser dans les Eglises le chant des divins offices " (33).

Cependant le gouvernement avec lequel Votre Sainteté a conclu la convention déjà tant de fois mentionnée du 15 Juillet 1801, professe hautement cette même erreur dans laquelle avoient donné ceux qui les premiers ont décrété que les biens consacrés à Dieu étoient à la disposition de la Nation. En effet, l'orateur de ce gouvernement, portant la parole

(33) Litt. Apost. 10. Mart. 1791.

parole en son nom, dans la séance du corps législatif du 15 Germinal, an X, a dit :

« Le Catholicisme avoit toujours été
« parmi nous la Religion dominante : depuis
« plus d'un siècle, son culte étoit le seul dont
« l'exercice public fut autorisé : les institu-
« tions civiles et politiques étoient intime-
« ment liées avec les institutions religieuses :
« le Clergé étoit le premier Ordre de l'Etat :
« il possédoit de grands biens :....cet ordre a
« disparu avec la révolution....Les propriétés
« du Clergé furent mises à la disposition de
« la Nation....On s'engagea seulement à four-
« nir aux dépenses du culte Catholique et à
« salarier ses ministres....Nous avons dit, en
« commençant, que, dès les premières années
« de la révolution, le Clergé Catholique fut
« dépouillé des grands biens qu'il possédoit :
« le temporel des états, étant entièrement
« étranger au ministère du Pontife de Rome,
« comme à celui des autres Pontifes, l'inter-
« vention du Pape n'étoit certainement pas
« requise pour consolider et affermir la pro-
« priété des acquéreurs des biens ecclésiasti-
« ques : les ministres d'une Religion qui
« n'est que l'éducation de l'homme pour une
« autre vie, n'ont point à s'immiscer dans les
« affaires de celle-ci : mais il a été utile que

« la

" la voix du Chef de l'Eglise, qui n'a point " à promulguer des lois dans la société, pût " retentir doucement dans les consciences, et " y apaiser des craintes et des inquiétudes " que la loi n'a pas toujours le pouvoir de " calmer. C'est ce qui explique la clause " par laquelle le Pape, dans sa convention " avec le gouvernement, reconnoît les acqué- " reurs des biens du Clergé comme proprié- " taires incommutables de ces biens" (34).

Au reste, la conduite du gouvernement fournit une preuve encore plus décisive de sa manière de penser sur cet objet que le discours de son orateur : ce gouvernement persiste tellement à maintenir que les biens consacrés à Dieu sont à sa disposition, que, depuis la convention conclue avec Votre Sainteté, il a continué et continue de faire vendre ceux qui n'étoient pas encore aliénés; et cela, de son propre mouvement, sans le concours d'aucune autre volonté que la sienne, et sans l'autorisation de Votre Sainteté; car il n'existe rien, ni dans la Convention, ni dans la Bulle confirmative de ce traité, d'où l'on puisse

(34) Discours prononcé par le Citoyen Portalis, Orateur du gouvernement, dans la séance du Corps Législatif du 15 Germinal, an X, sur l'organisation des cultes.

puisse conclure que Votre Sainteté ait consenti à ces nouvelles aliénations.

Mais pourquoi faut-il que Votre Sainteté ne les ait pas prévenues ? qu'elle n'y ait pas obvié ? Les plaies de l'Eglise n'étoient-elles pas assez profondes ?

Pourquoi faut-il que dans la convention il ne se trouve pas un seul mot qui ménage à la religion la ressource que pouvoit lui offrir cette partie de ses biens qui n'étoit pas encore aliénée ?

Pourquoi faut-il enfin qu'on n'ait pas assuré à l'Eglise la liberté de recouvrer les portions de biens que des acquéreurs revenus à Dieu, et rentrés en eux-mêmes voudroient lui rendre ?

L'événement ne prouve que trop combien l'omission de cette précaution a été préjudiciable : parce que cette liberté n'a pas été stipulée pour l'Eglise, elle n'a pas tardé à lui être enlevée.

Tel est en effet le but des articles organiques LXXIII et LXXIV, lesquels articles portent :

Art. LXXIII. " Les fondations qui ont " pour objet l'entretien des ministres et l'exer- " cice du culte ne pourront consister qu'en " rentes constituées sur l'Etat."

Art. LXXIV. « Les immeubles, autres « que les édifices destinés au logement, et les « jardins attenans, ne pourront être affectés « à des titres ecclésiastiques, ni possédés par « les ministres du culte, à raison de leurs « fonctions" (35).

Et ce but n'a point été dissimulé par l'orateur du gouvernement : dans son rapport sur les articles organiques, il a dit :

« Les fondations particulières peuvent « être une autre source de revenus pour les « ministres du culte, mais il est des précau- « tions à prendre pour arrêter la vanité des « fondateurs, pour prévenir les surprises qui « pourroient leur être faites, et pour empê- « cher que les ecclésiastiques ne deviennent « les héritiers de tous ceux qui n'en ont pas, « ou qui ne veulent point en avoir : l'édit de « 1749 intervenu sur les acquisitions des gens « de main morte....ne permettoit d'appliquer « aux fondations que des biens d'une certaine « nature : il ne permettoit pas que les familles « fussent dépouillées de leurs immeubles, ou « que l'on arrachât de la circulation des ob- « jets qui sont dans le commerce : aujour- « d'hui

(35) Articles organiques de la Convention du 26 Messidor, an IX. Tit. iv. Sect. iii.

" d'hui il étoit d'autant plus essentiel de se
" conformer aux sages vues de cette loi,
" que la faculté de donner des immeubles
" joindroit à tant d'autres inconvéniens, celui
" de devenir un prétexte de solliciter et d'ob-
" tenir sous les apparences d'une fondation
" libre, la restitution souvent forcée de biens
" qui ont appartenu aux ecclésiastiques, et
" dont l'aliénation a été ordonnée par les
" lois (36)".

Il est donc hors de doute que le gouvernement avec lequel Votre Sainteté a conclu la Convention du 15 Juillet 1801 a consacré les mêmes principes que l'Assemblée Nationale, et de manière à ne rien omettre pour consommer la ruine de l'Eglise Gallicane, et qu'il a eu grand soin de prendre toutes les précautions qui peuvent dépendre de la force humaine, pour empêcher que cette Eglise ne fût jamais rétablie dans aucune portion de son patrimoine.

Mais n'a-t-il pas été du moins pris quel-

 ques

(36) Rapport du citoyen Portalis, conseiller d'Etat, sur les articles organiques de la Convention passée à Paris le 26 Messidor an 9, entre le gouvernement François et le Pape.

ques mesures pour assurer, après une spoliation si inouïe, d'autres moyens temporels nécessaires à l'exercice du culte et à la conservation de la Religion ? C'est à regret sans doute que nous le disons, mais nous ne pouvons nous empêcher de le dire : non, cette dernière ressource même n'a pas été assurée. Hélas ! les seules mesures dont on soit convenu sur ce point si important, se trouvent énoncées dans les articles XI, XII, XIV et XV de la Convention ; il n'a rien été statué de plus pour remplir ce double objet, dans le même acte qui tend à rendre irréparable la perte de tous les biens qui avoient été consacrés à Dieu, pour soutenir et perpétuer la Religion Catholique en France : et où trouver des expressions assez énergiques pour rendre les désolantes idées que les dispositions de ces articles présentent à l'esprit, la douleur amère dont ils pénètrent le cœur ?

Et nous ne pouvons nous empêcher d'observer ici, qu'il a été pris un parti bien funeste aux acquéreurs des biens ecclésiastiques quand on leur a ôté la faculté d'effectuer maintenant la restitution de ces biens, dont au dernier jour il leur faudra rendre compte au Souverain Juge. Qu'il est à craindre, en effet que tant qu'ils auront en possession ces

biens

biens mal acquis, Dieu ne leur soit point propice, et ne répande point sur eux ses bénédictions! *Non, jamais les dépouilles des Eglises et des pauvres n'ont présagé des évènemens favorables . . . . Jésus-Christ qui est la souveraine justice ne souffre pas que ces spoliateurs ayent une heureuse issue* (37).

Voilà donc à quoi expose les acquéreurs ce déplorable article XIII du Concordat qui leur persuade, contre l'intention de Votre Sainteté que les fruits de l'iniquité deviennent légitimes entre leurs mains, et cette mesure plus déplorable encore du gouvernement qui met obstacle aux restitutions que leur conscience mieux éclairée pourroit leur suggérer. Est-ce donc en perpétuant l'injustice que l'heureux rétablissement de la Religon aura lieu? Comment la raison d'Etat peut-elle mettre obstacle à ces restitutions qui, n'étant commandées que par le cri de la conscience, loin de troubler l'Etat rendent à la patrie des citoyens probes et religieux. La Religion est tellement inséparable de la justice, que c'est s'abuser que de croire qu'à la faveur des décrets du gouvernement et des renonciations alléguées, les spoliateurs puissent revenir sincèrement à Dieu.

Nous

(37) Petr. Bles. Epist. 112 ad Ep. Aurel.

Nous avons parlé jusqu'ici du tort que l'article XIII de la Convention du 15 Juillet 1801 a fait et fera encore dans la suite à la Religion, si Dieu ne détourne ce malheur : mais ce n'est pas à la Religion seule que cet article a nui : il a aussi porté un préjudice énorme à un très-grand nombre de propriétaires légitimes de biens qui n'appartenoient point aux Eglises, ni à d'autres établissemens de piété.

Aussitôt que Votre Sainteté, confirmant le dit article, a eu, *pour contribuer à la tranquillité de la France* (38), déclaré que la propriété des biens ecclésiastiques aliénés, les droits et revenus y attachés demeureroient incommutables entre les mains des acquéreurs ou de leurs ayant cause (39), on a prétendu qu'il devoit en être de même des acquéreurs d'autres biens pareillement aliénés et qui n'appartenoient point aux Eglises, ni à d'autres établissemens de piété : qu'ainsi la propriété de ces derniers biens, les droits et revenus y attachés demeureroient aussi incommutables entre les mains de ceux qui les avoient acquis, ou

---

(38) Bull. *Ecclesia Christi.*
(39) Bull. *Ecclesia Christi.*

ou celles de leurs ayant cause, parce que d'un côté ces biens qui n'appartenoient ni aux Eglises ni à aucuns autres établissemens de piété, n'étoient assurément pas plus sacrés que les biens ecclésiastiques eux-mêmes : et que de l'autre, la tranquillité de la France demandoit que les uns et les autres qui ont été aliénés par la même autorité, ne fussent point redemandés aux acquéreurs. Cependant qu'une pareille assertion est opposée aux véritables règles de la justice !

Dieu qui est le père du genre humain a pris sous sa garde et sous sa protection les biens périssables dont les hommes peuvent jouir dans ce lieu de leur pèlerinage. C'est pour cela qu'afin d'en assurer aux légitimes propriétaires la possession paisible contre les manœuvres de la cupidité qui est *la racine de tous les maux* (40) il a opposé à celle-ci, comme un rempart, les préceptes par lesquels non-seulement il nous défend de ravir au prochain ce qui lui appartient (41), ou de le retenir injustement à son préjudice (42), mais il nous interdit jusqu'au

(40) I Timoth. vi. 10.

(41) Vous ne déroberez point. (Exod. xx. 15.)

(42) A considérer surtout le danger auquel on expose son

qu'au désir du bien d'autrui (43) : et afin de montrer combien il avoit à cœur que ces lois tutélaires

---

son âme, il n'y a pas grande différence entre retenir injustement, ou envahir le bien d'autrui. (Conc. Later. iv. c. 39.)

Comme c'est un péché contre la justice de prendre le bien d'autrui, c'en est aussi un de le retenir, parce qu'en retenant le bien d'autrui malgré le propriétaire, on l'empêche d'user de sa chose, et qu'ainsi on lui fait tort. (St. Thom. 2. 2. Q. 62. a 8. in C. a.) On fait tort à autrui en retenant ce qui lui appartient, comme en le prenant injustement. C'est pourquoi la détention injuste est comprise dans la notion de l'acception injuste. (S. Thom. ib. Q. 66. a. 3. ad 2.)

Les Curés regarderont comme un devoir de faire connoître que Dieu a donné au genre humain une preuve de l'amour infini qu'il lui porte en faisant ce commandement : *Vous ne déroberez point.* Ce précepte est comme un rempart qu'il a élevé pour mettre les biens temporels en sûreté et les protéger contre l'injustice. Quel est en effet le sens de ces paroles, sinon que Dieu défend à qui que ce soit de ravir ou d'endommager ces biens qu'il prend sous sa protection . . . . sur quoi il faut remarquer que par *vol*, on n'entend pas seulement ce qui se fait lorsque secrètement on dérobe quelqu'objet malgré le propriétaire, mais encore ce qui a lieu, lorsqu'on possède le bien d'autrui contre la volonté, quoiqu'au su du propriétaire. (Catech. ex decret. Con. Trid.)

(43) Vous ne convoiterez point la maison de votre prochain, ni aucune de toutes les choses qui lui appartiennent. (Exod. xx. 17.)

tutélaires fussent inviolablement observées, il a menacé ceux qui oseroient les enfreindre de les exclure de son Royaume, formidable sanction que le grand Apôtre rappeloit aux premiers fidèles en leur écrivant : « C'est vous-mêmes « qui faites tort, et qui causez des pertes, et « cela à des frères : est-ce que vous ne savez « pas que les injustes ne seront point héritiers « du royaume de Dieu ? Ne vous y trom- « pez pas . . . . ni les voleurs . . . . ni les « ravisseurs du bien d'autrui ne seront héri- « tiers du royaume de Dieu (44)".

Pourquoi faut-il que cette céleste doctrine soit méconnue de nos jours ? Pourquoi faut-il que le désir insensé d'accumuler des richesses fasse tout renverser, tout détruire, et que la soif honteuse de l'or en aveugle plusieurs au point de leur faire regarder comme des songes et des fables (45) et les commandemens de Dieu et ses menaces, et jusqu'à cette loi gravée dans le cœur de tous les hommes qui les avertit sans cesse de ne point faire aux autres, ce qu'ils ne voudroient pas qu'on leur fît ?

(44) 1 Cor. vi. 8—10.

(45) (S. Joann. Chrysost. Hom. xvii. in cap. v. Epist. 1. ad Cor.)

Une injustice énorme a été commise : les biens d'un grand nombre de propriétaires légitimes ont été, contre tout droit, envahis et mis en vente : Hélas ! il s'est rencontré des acquéreurs de pareils biens ! et pour comble de maux, ces avides acheteurs trouvent des conseils qui, flattant leurs passions, cherchent à leur persuader qu'ils peuvent, sans blesser leur conscience, retenir les objets de ces odieux achats.

Obligés par notre ministère de conserver dans toute son intégrité le dépôt non-seulement de la foi, mais aussi de la morale évangélique sur laquelle tout l'ordre social porte, comme sur la base la plus solide, nous ne pouvons nous empêcher d'élever la voix pour réclamer contre une aussi pernicieuse altération des principes de la justice.

En remplissant cette partie de nos devoirs, nous avons pour guide Votre Sainteté elle-même durant ces temps orageux qui ont aussi pesé sur la Souveraineté temporelle de Votre Sainteté. Il s'y est fait de semblables aliénations de biens qui ont de même été appelés *Nationaux* : et, après un mûr examen, Votre Sainteté par un édit solemnel a déclaré que les acquéreurs de ces sortes de biens ne pouvoient légitimement, ni en retenir la possession,

session, ni exercer sur eux aucun droit de propriété, parce que l'un et l'autre est contraire aux règles, soit du droit public, soit de la justice particulière (46).

La masse des biens laïcs qui en France ont été dénommés *Nationaux*, se compose des biens d'une multitude de François, dont les uns, quoiqu'innocens, ont été traînés au dernier supplice ; les autres ont depuis 1789 quitté leur patrie, pour chercher un asile en pays étranger : plusieurs même, sans être, depuis cette époque, jamais sortis de la France, ont été, par erreur, ou de mauvaise foi, inscrits

(46) La Santita di Nostro Signore Papa Pio Settimo intimamente persuasa, su le basi piu solide del diritto publico ecclesiastico e profano, che niun diritto di recupera, o di retenzione competa a quelli i quali, nell' epoca delle notorie passate vicenda, acquistarono i fondi publici conosciuti sotto il nome di beni nazionali, e sequendo il sentimento della S. Congregazione deputata sopra questo oggetto, con editto dei 9 Luglio 1801. Ha conservata sempre inalterabile la massima di non potere amettere al Sudetti l'esercizio di alcun diritto fondiario sopra i medesimi beni, come contrario alleregole della raggione publica, e della privata giustizia.

Editto dato delle Stanze del Quirinale questo di 24 Octobre 1801.

In Roma presso Lazzarini stampatore della Reverenda Camera Apostolica.

inscrits sur la liste fatale des Emigrés : on pourroit encore ajouter des biens de plusieurs étrangers qui, étant possessionnés en France avoient aussi d'autres propriétés, et en même temps un domicile avoué sous une autre domination ; et l'idée seule des élémens dont cette masse se compose, ne fait-elle pas déjà comprendre qu'elle ne peut être qu'un odieux amas de rapines ?

Qui ne sait que la France toute entière s'est vue couverte de tribunaux atroces où siégeoient des juges vendus à l'iniquité, pour convertir en arrêt de mort les listes de proscription qui leur étoient fournies ? Alors cette terre malheureuse a été remplie de carnage : le sang a coulé comme l'eau (47), et les corps morts des hommes y sont tombés, comme les javelles tombent derrière les moissonneurs(48).

Mais les auteurs de tant d'assassinats ont publié eux-mêmes l'innocence de ceux qu'ils livroient aux mains meurtrières des bourreaux : ils n'ont pas rougi de dire qu'en accumulant meurtres sur meurtres, ils remplissoient le trésor national ; (49) ils sont jugés par leur propre bouche,

---

(47) Ps. lxxviii. v. 3.

(48) Jerem. ix. 22.

(49) Diction. Biograph. et Historiq. Tom. 1.

bouche, et ils ont porté témoignage contre eux-mêmes, en reconnoissant que les richesses de tant de victimes qu'ils immoloient, étoient les seuls crimes qui pussent leur être imputés.

Cependant on ne s'est pas contenté d'envahir les biens des innocens qu'on avoit fait périr : comme un grand nombre de François, dans la vue de se soustraire aux fureurs dont leur patrie étoit devenue le théâtre, et auxquelles ils étoient en butte ; d'éviter les périls de tout genre dont ils se voyoient menacés, de tâcher enfin de se mettre à l'abri de tout reproche de leur conscience ; de n'avoir à rougir d'aucune faute, mais de remplir constamment les devoirs les plus sacrés, ont cherché, comme on l'a dit ci-dessus, un asile en terres étrangères ; pour avoir un prétexte de s'enrichir de leurs dépouilles, on a prétendu que leur retraite étoit un délit, en punition duquel leurs propriétés ont été confisquées ; et afin qu'aucune partie de ces biens ne pût échapper à l'avidité des ravisseurs, on a fait dresser partout avec la plus rigoureuse exactitude et un véritable acharnement, des listes *d'Emigrés* qui ont encore été arbitrairement grossies des noms de plusieurs personnes qu'on ne pouvoit que faussement taxer d'émigration.

Qui pourra jamais entendre sans horreur

proclamer

proclamer le meurtre comme un titre en vertu duquel on acquiert la propriété des biens de celui à qui l'on a fait subir une mort injuste ? Qui peut au contraire ignorer le terrible jugement que Dieu lui-même a porté contre Achab et Jézabel, après que cette reine impie eût fait lapider Naboth, afin de pouvoir s'emparer de sa vigne, et par là satisfaire la convoitise du Roi son époux : " le " Seigneur, dit l'écrivain sacré, adressa la " parole à Elie de Thesbe, et lui dit : allez " maintenant au devant d'Achab Roi d'Israël " qui est dans Samarie, car le voilà qui va " dans la vigne de Naboth pour s'en rendre " maître ; et vous lui parlerez en ces termes : " voici ce que dit le Seigneur : vous avez " tué Naboth, et de plus vous vous êtes em- " paré de sa vigne : et vous lui direz ensuite : " voici ce que dit le Seigneur : en ce même " lieu où les chiens ont léché le sang de " Naboth, ils lécheront aussi votre sang . . . " je vais faire fondre les maux sur vous . . . . " parce que vos actions ont irrité ma colère " . . . le Seigneur a aussi prononcé cet ar- " rêt contre Jézabel : les chiens mangeront " Jézabel dans le champ de Jezrael (50)."

Dès

(50) 3 Reg. xxi. 17—23.

Dès qu'on a vu peser sur la France, au-lieu d'autorité une force conjurée pour le crime, qui a précipité la nation toute entière dans les horreurs d'une anarchie suivie de ravages, d'incendies, de prisons, de chaînes, d'échafauds, de carnages, de sacriléges, de profanations, du renversement de l'Autel et du trône, enfin de la totale dissolution de l'ordre social, l'émigration a été pleinement justifiée aux yeux de tout l'univers : non, jamais la saine raison n'avouera qu'on se soit rendu coupable, et qu'on ait justement encouru la perte de ses biens, parce qu'on a quitté sa patrie, afin de n'être ni complice ni victime de si horribles forfaits ; et la confiscation des biens de tant de François que la fidélité qu'ils ont gardé à leur Dieu et à leur Roi a rendu les objets d'une haine implacable est et sera éternellement un brigandage et une abomination.

C'est à dessein que nous nous abstenons de parler de la confiscation des biens de ceux à qui l'on a faussement imputé l'émigration : ce seroit paroître chercher à affoiblir l'évidence que de se mettre en devoir de prouver que l'erreur ou le dol des agens d'une force injuste, ne sont et ne peuvent être des titres

pour

pour s'emparer des biens de qui que ce soit.

La saisie des biens laïcs, depuis dénommés *Nationaux*, n'a donc été qu'un acte de violence contre lequel tous les droits réclament. On a grièvement outragé la nation, en mettant sous son nom ce monstrueux amas de rapines. Ceux qui se sont emparés de ces biens, n'en ont acquis la propriété, ni pour eux, ni pour la nation : ils n'ont acquis, ni pour eux, ni pour la nation, le droit d'en disposer : et dès lors ils ont eu beau en ordonner, et paroître en effectuer la vente, jamais la propriété n'a pu en être transmise aux prétendus acquéreurs, selon cette maxime incontestable, que *personne ne peut transmettre à un autre plus de droit qu'il n'en a lui-même* (51).

Ainsi le droit de posséder ces biens réside toujours sur la tête de ceux qui en étoient et continuent d'en être les légitimes propriétaires. Il est vrai que les prétendus acquéreurs en ont la possession actuelle ; mais cette possession de fait n'est autre chose qu'une détention injuste du bien d'autrui, détention à laquelle ils sont tenus de la manière la plus étroite

(51) Reg. Jur. in 6. Reg. lxxix.

étroite de mettre fin dès qu'ils le peuvent : car il est indubitable que " la restitution ef-" fective du bien d'autrui est de nécessité " de salut, dès qu'elle est possible . . . . " ne pas restituer quand on le peut, c'est vo-" lontairement nuire et faire tort à son " prochain (puisqu'en ne restituant pas, on " l'empêche de posséder son bien et d'en " user) : or il est de nécessité de salut de ne " nuire volontairement à personne, de ne " faire volontairement tort à personne (52)".

Et les biens mêmes que ces prétendus acquéreurs possèdent injustement, semblent les avertir sans cesse de cette obligation si étroite : on peut faire à chacun d'eux une juste application de ces paroles du prophète : " malheur à celui qui ravit sans cesse ce qui " ne lui appartient point ! jusqu'à quand " amassera-t-il contre lui-même des mon-" ceaux de boue . . . . car la pierre criera " contre vous du milieu de la muraille, et le " bois qui sert à lier le bâtiment rendra le " même témoignage (53)." Oui, dans les maisons d'autrui qu'ils habitent injustement,

(52) Lessius de Injur. Restit. L. 2. c. 7. dubit. 10.
(53) Habacuc. xi. 6—11.

la pierre crie contre eux du milieu de la muraille ; et le bois qui sert à lier le bâtiment rend contre eux le même témoignage : ils disent : ce n'est pas pour vous que nous avons été placés ici : la main de l'ouvrier nous y a disposés pour former la demeure d'un maître légitime, et il est pénible pour nous de servir maintenant à votre usage, tandis qu'il a peut-être à peine où reposer sa tête.

Mais la nécessité indispensable de remplir ce devoir leur est surtout enseignée par l'Evangile (54), et pour qu'ils veuillent y prêter l'oreille, ils entendront ceux qui parlent avec sincérité, comme de la part de Dieu, en la présence de Dieu (55), leur dire : ô vous, qui, entraînés par l'attachement aux choses de la terre, vous opiniâtrez à retenir des biens, dont une vente injuste et nulle n'a pu vous transmettre la propriété, pensez au compte qu'il vous en faudra rendre un jour, non pas à des hommes, mais à Dieu, qui dans " son " gement ne fait point acception de personne " contre le pauvre (56)."

Mais

(54) Coloss. I. 5.
(55) 2 Cor. II. 17.
(56) Eccles. XXXV. 15-16.

Mais désormais, si en faveur des principes de justice, cette voix, qui du haut de votre chaire pontificale retentit dans tout l'univers chrétien, ne se fait entendre, qui pourra arrêter le mal que fait une décision, dont il nous est impossible de ne pas porter nos plaintes à Votre Sainteté; elle est conçue en ces termes : *les Ecclésiastiques requis par les possesseurs des biens (laïcs) nationaux, de déclarer s'ils les peuvent retenir, sont obligés de répondre, afin que la paix publique et l'ordre social ne soient point troublés, que personne ne peut s'opposer aux lois existantes rendues par le gouvernement souverain, relativement à ces biens, et qu'en conséquence, ils peuvent légitimement retenir la possession de ces mêmes biens :* et plusieurs Evêques nommés d'après le Concordat, l'ont publiée, en l'attribuant à Son Eminence le Cardinal Légat *à latere* de Votre Sainteté et du St. Siége Apostolique, et enjoignant de la manière la plus pressante aux Ecclésiastiques de s'y conformer, comme on le voit par ce qui suit :

" Le Cardinal Légat nous a transmis une
" décision sur l'aliénation des biens nationaux
" qu'il importe de vous communiquer . . .
" Son Eminence . . . . veut, sans aucune
" distinction, que les prêtres interrogés par

 " les

" les acquéreurs des biens nationaux, leur
" répondent qu'ils peuvent légitimement re-
" tenir la possession de ces biens (57)".

" Nous sommes informés que plusieurs
" d'entre vous, nos chers Coopérateurs, se
" permettent de troubler les consciences des
" acquéreurs des biens nationaux . . . . ils
" prétendent que la possession n'en est pas
" légitime, qu'ils ont été usurpés sur les pro-
" priétaires, qu'ils sont mal acquis, et qu'on
" ne peut, sans crime, en conserver la posses-
" sion . . . ces plaintes ont été d'autant plus
" sensibles pour nous, que les dispositions des
" prêtres qui les ont occasionnées, annoncent
" qu'ils sont dirigés par des principes con-
" traires aux lois de l'Eglise et de l'Etat, et
" qu'ils sont animés d'un zèle exagéré, et point
" assez éclairé. Cependant, nous vous avons
" transmis dans le rescrit du Légat *à latere*
" la règle de conduite que vous aviez à tenir
" à l'égard des acquéreurs des biens natio-
" naux : nous avions donc droit d'attendre
" de

(57) Extrait d'une lettre de M. Cambacérès (appelé Archevêque de Rouen, suivant la nouvelle circonscription), contenant diverses instructions pour les Ecclésiastiques de son Diocèse. (V. Journal de Francfort du Samedi 6 Novembre 1802.)

« de vous, nos chers Coopérateurs, que vou
« vous y conformeriez . . . nous sommes
« infiniment peinés d'avoir à reprocher à
« des prêtres, qui doivent l'exemple de la
« soumission, une infraction aux lois de
« l'Eglise et de l'Etat : notre devoir et la sa-
« gesse de nos principes ne nous permettent
« pas de nous taire plus long-temps sur une
« pareille conduite . . . nous vous déclarons
« que ceux des ecclésiastiques de notre Dio-
« cèse qui ne se conformeront pas à l'avenir
« aux lois de l'Eglise et de l'Etat, perdront
« notre confiance, et encourront les peines
« que le gouvernement ne manquera pas de
« leur infliger.

† P. F. Metz le 15 Février de l'an de N.
« S. 1803. 26 Pluviose, an XI de la Répu-
« blique (58)".

On voit même cette décision appuyée sur votre autorité par M. Rousseau (appelé Evêque de Coutances, suivant la nouvelle circonscription) dans sa lettre adressée à un acquéreur de biens laïcs qui le consulte, et qui est conçu en ces termes :

« Je

(58) Lettre de M. P. F. (appelé Evêque de Metz, suivant la nouvelle circonscription).

“ Je suis, Monsieur, édifié de la déli-
“ catesse de votre conscience, et je m'em-
“ presse de la tranquilliser.

“ Le Souverain Pontife a déclaré que
“ les acquéreurs des biens nationaux en
“ étoient détenteurs légitimes : ainsi l'on peut
“ les posséder religieusement sans aucune in-
“ quiétude.

“ Signé, ✝ Claude Louis, Evêque de
“ Coutances.

“ Coutance 9 Pluviose, an XI (59)”.

Qui pourroit néanmoins sans être pénétré de la plus vive douleur, penser aux maux que cette décision a déjà occasionnés ?

Avertis par les remords de leur conscience, plusieurs de ceux qui ont acquis des biens laïcs dits *Nationaux*, avoient reconnu les droits des propriétaires légitimes ; la justice et la paix alloient s'embrasser, lorsque tout à coup la décision dont nous parlons, a détruit ces heureuses dispositions, apaisé les remords, et anéanti toutes les idées de justice.

Les acquéreurs des biens dits *Nationaux*, qui n'appartenoient ni aux Eglises, ni à aucuns autres établissemens de piété, ayant une fois

(59) Lettre de M. Rousseau (appelé Evêque de Coutances, suivant la nouvelle circonscription).

fois reçu cette décision qui flatte leur cupidité l'ont regardée comme un oracle, d'après lequel ils pouvoient, sans aucun scrupule, retenir la possession des dits biens : en conséquence les légitimes propriétaires frustrés de l'espérance qu'ils avoient conçue, n'ont que trop senti que cette même décision leur portoit un énorme préjudice, puisqu'elle leur arrachoit l'adoucissement de leur malheureux sort, au moment où il leur sembloit être sur le point de l'obtenir. Ainsi cette funeste décision a, tout à la fois, retiré les uns des sentiers de la justice dans lesquels ils rentroient, et replongé les autres dans les angoisses de la pauvreté d'où ils alloient sortir (60).

Qu'ils

---

(60) Ces faits si déplorables, déjà bien avérés d'ailleurs, sont constatés nommément par une lettre que plusieurs Emigrés laïcs ont écrite au Souverain Pontife, pour lui porter leurs justes plaintes : on lit dans cette lettre : " Il restoit encore une étincelle de justice dans le " cœur de ceux qui ont acquis nos biens . . . . déjà plu- " sieurs nous avoient écrit pour nous proposer un accom- " modement . . . ainsi nous avons vu luire l'espérance " de pouvoir au moyen des arrangemens qui nous étoient " offerts, recouvrer une partie de nos propriétés . . . . " et par là pourvoir à nos besoins . . . . mais cet es- " poir si consolant pour nous, est devenu bien éloigné, " lorsque . . . tout récemment il a été décidé qu'il ne " falloit

Qu'ils sont foibles néanmoins les moyens mis en avant pour appuyer une décision aussi contraire aux principes que pernicieuse dans ses effets !

On prétexte qu'il a été nécessaire de prendre ce parti, de peur que la paix publique et l'ordre social ne soient troublés ; mais à quel esprit judicieux persuadera-t-on jamais que la tranquillité et l'ordre social seront troublés, parce qu'un ministre de la Religion à qui un acquéreur des biens dont il s'agit, demandera dans le secret s'il peut les retenir, lui répondra : la propriété de ces biens n'a pas été, et n'a pas pu vous être légitimement transmise : ils n'appartenoient point à ceux qui les ont mis en vente : vous les possédez sans titre,

---

" falloit plus contester la légitimité de la détention de nos " biens, et que les prêtres ne pouvoient pas refuser d'ab- " soudre sous prétexte de leur injuste détention . . . si " une pareille décision pouvoit subsister, il n'est, Très- " Saint Père, aucun homme sage qui ne voie, qu'au mé- " pris des commandemens de Dieu, il faudroit dire avec " des philosophes novateurs qu'*un crime heureux cesse d'ê-* " *tre crime :* c'est pourquoi ayant à nous plaindre d'un " tort si énorme qui nous a été fait, nous nous proster- " nons humblement aux pieds de Votre Sainteté et la sup- " plions de ne pas permettre qu'une pareille décision sub- " siste".

tre, et au grand préjudice du légitime propriétaire. Il est vrai que les lois du gouvernement prononcent que la possession irrévocable en est acquise à vous et à vos ayant cause ; et en tenant cette possession, vous n'avez maintenant rien à craindre de la justice humaine ; mais il est dans le ciel un autre tribunal ; celui qui y est assis juge d'après d'autres lois ; selon ces lois, émanées de la justice éternelle, vous vous êtes rendu coupable, en vous portant pour acquéreur de ces biens ; vous persévérez dans le péché, tant que vous les retenez, malgré les légitimes propriétaires ; et comment pouvez-vous voir de sang-froid ceux à qui ils appartiennent, lutter avec l'indigence ? Si vous voulez opérer votre salut, repentez-vous d'avoir fait une acquisition, tout à la fois, criminelle et illusoire ; et vous souvenant de cette parole du sage : *les richesses ne serviront de rien au jour de la vengeance, mais la justice délivrera de la mort* (61), hâtez-vous de renoncer à une détention injuste.

Qui ne voit au contraire qu'un ministre des autels qui donne ces avis, et engage à les suivre, fait servir la Religion au maintien de la

(61) Prov. xi. 4.

la tranquillité publique et aux intérêts de l'ordre social, puisque la tranquillité publique ne peut jamais être mieux assurée, ni l'ordre social plus florissant, que quand le règne de la justice est solidement établi ?

Que le Seigneur Dieu infiniment grand et infiniment bon, fasse donc qu'aucun Ecclésiastique ne se conduise d'après cette décision ! Mais que tous au contraire aient grand soin d'éviter le dangereux écueil qu'indiquent si clairement ces mémorables paroles de Saint Augustin, et de Saint Isidore de Séville.

" Je ne crains point de le dire : celui " qui, sous prétexte de servir un autre, s'en- " tremet pour empêcher de restituer ce qui a " été injustement ravi, et qui, lorsqu'on a re- " cours à lui, ne met pas en œuvre tous les " moyens honnêtes qui sont en son pouvoir, " pour déterminer à la restitution, est com- " plice de la fraude et du crime : on rendroit " un bien plus grand service, en refusant son " aide, qu'en en donnant une pareille : car ce " n'est point porter secours, c'est plutôt oppri- " mer et détruire que d'aider à pécher" (62).

" Parmi ceux qui sont chargés de l'ad- " ministration des Eglises, il s'en trouve beau- " coup

(62) S. Aug. Epist. liv. ad Maced.

« coup qui, de peur de perdre l'amitié des sé-
« culiers, et dans la crainte d'éprouver les
« désagrémens qu'attirent les haines, ne font
« point aux pécheurs de salutaires répri-
« mandes, et n'osent pas reprendre ceux qui
« oppriment les pauvres : et ils ne redoutent
« point la sévérité du compte qu'ils auront à
« rendre" (63).

Nous venons, Très-Saint Père, de rétablir dans toute son étendue l'intégrité des principes et des droits de la propriété : en remplissant ce devoir, nous avons eu pour but, d'exciter dans des consciences égarées et trompées un effroi salutaire et de les ramener à la seule espérance vraie et solide, celle qui accompagne et qui suit une foi pure : ah ! qu'elles se jettent avec confiance dans les bras de cette Religion sainte, au nom de laquelle nous leur avons rappelé les principes immuables de la justice éternelle : cette Religion qui commande impérieusement l'équité, est aussi celle qui prêche la modération, le désintéressement, l'esprit de conciliation et la fraternité : c'est elle qui, non-seulement apprend à faire des sacrifices, mais qui sait encore y mettre un prix au-dessus de tous les biens terrestres :

 et

(63) S. Isidor. Hispal. L. 3. Sent. c. 46.

et si elle fait un devoir à ses ministres d'enseigner, aux uns, sans foiblesse et sans déguisement, la rigueur des principes du juste et de l'injuste, elle ne leur en impose pas un moins étroit, de prêcher aux autres, la charité chrétienne, l'oubli des injures, le rapprochement des cœurs, et le mérite des sacrifices faits à l'amour de la paix, de la concorde et de l'union : c'est dans l'exercice réciproque de ces vertus, que ceux-ci trouveront des consolations pures dans la pratique d'une modération fraternelle ; ceux-là, des jouissances tranquilles au sein d'une bonne conscience ; et tous, cette réunion de sentimens et de principes qui seule pourra un jour, préparer de nouveaux siècles de bonheur et de prospérité à notre infortunée patrie, sous la double bannière de la justice et de l'autorité légitime.

Il nous reste, Très-Saint Père, à témoigner à Votre Sainteté combien nous sommes douloureusement affectés, lorsque nous considérons que le gouvernement avec lequel Votre Sainteté a conclu la convention du 15 Juillet 1801, bien loin de prendre aucune mesure pour guérir les plaies faites à la Religion, par les articles dits organiques de la convention précitée, ne cesse au contraire de porter de nouveaux coups à cette Religion sainte, et lui en

a porté

a porté nommément en proposant d'abord et promulguant ensuite, les dispositions relatives au mariage qui se trouvent dans les lois VI et VII du nouveau code civil. En effet :

" 1.° Le St. Concile Œcuménique de Trente, " enseignant la véritable doctrine sur le ma- " riage, doctrine contre laquelle des hommes " impies s'étant élevés avec audace, non seu- " lement ont eu sur le vénérable sacrement " de mariage des opinions dépravées, mais de " plus, introduisant, selon leur usage, sous " prétexte de l'Evangile, la liberté de la " chair, ont mis en avant, et de vive voix, et " par écrit, beaucoup d'assertions contraires " au sentiment de l'Eglise Catholique et à la " coutume approuvée depuis le temps des " Apôtres, et par là occasionné la perte d'un " grand nombre de fidèles de Jésus-Christ,.... " a cru devoir proscrire les hérésies et les er- " reurs les plus remarquables des susdits schis- " matiques, en décernant contre les hérétiques " eux-mêmes, et leurs erreurs, ces ana- " thèmes" (64).

" Si quelqu'un dit qu'il n'y a que les de- " grés de consanguinité et d'affinité exprimés " dans

(64) Conc. Trid. Sess. xxiv. de Doctrinâ Matrimonii.

" dans le Lévitique, qui puissent empêcher
" de contracter mariage, et annuller le ma-
" riage contracté, et que l'Eglise ne peut pas
" dispenser de quelques-uns d'entre eux, ou
" établir qu'un plus grand nombre empêche
" et annulle (le mariage) qu'il soit ana-
" thème" (65).

" Si quelqu'un dit que l'Eglise n'a pas
" pu établir des empêchemens dirimans de
" mariage, ou qu'en les établissant, elle a
" erré, qu'il soit anathème" (66).

" Si quelqu'un dit que les Clercs consti-
" tués dans les Ordres sacrés, ou les Réguliers
" qui ont émis le vœu solemnel de chasteté,
" peuvent contracter mariage, et que le ma-
" riage par eux contracté est valide, nonobs-
" tant la loi Ecclésiastique ou le vœu.....
" qu'il soit anathème" (67).

" Si quelqu'un dit que les causes matri-
" moniales ne regardent point les juges Ecclé-
" siastiques, qu'il soit anathème" (68).

Le même Concile a rendu le célèbre décret conçu en ces termes : " Ceux qui en-
" trepren-

---

(65) Conc. Trid. Sess. xxiv. Can. iii.
(66) Conc. Trid. Sess. xxiv. Can. iv.
(67) Conc. Trid. Sess. xxiv. Can. ix.
(68) Conc. Trid. Sess. xxiv. Can. xii.

" treprendront de contracter mariage, autre-
" ment qu'en présence du Curé ou d'un autre
" prêtre avec la permission du Curé lui-
" même ou de l'Ordinaire, et de deux ou
" trois témoins, le Saint Concile les rend en-
" tièrement inhabiles à contracter de cette
" manière, et statue que ces sortes de contrats
" sont invalides et nuls, comme par le présent
" décret, il les irrite et les annulle" (69).

Et Benoit XIV développant le sens de ce décret, s'exprime ainsi : " Partout où
" le décret du Concile de Trente (Sess. XXIV,
" décret de la réformation du mariage, ch. 1.)
" a été publié, les mariages célébrés autre-
" ment qu'en présence du Curé légitime de
" l'un des deux contractans, ou d'un autre
" prêtre qui le représente, et de deux témoins
" sont absolument nuls sous tous les rap-
" ports....En effet, le Concile de Trente par-
" lant de ceux qui entreprennent de contrac-
" ter mariage, sans observer la forme qu'il
" prescrit, prononce clairement que ce n'est
" pas seulement le Sacrement, mais le contrat
" lui-même qui est invalide : et pour nous
" servir de ses expressions, il les rend entiè-
" rement inhabiles à contracter de cette ma-
" nière,

(69) Conc Trid. Decret. de Reform. Matrim. cap. 1.

" nière, et statue que ces sortes de contrats " sont invalides" (70).

Cependant le gouvernement avec lequel Votre Sainteté a traité, a d'abord proposé comme projet de loi, et promulgué ensuite comme loi, les dispositions suivantes (tirées de la 6me loi du nouveau Code Civil, Tit. V, du mariage):

Art. 156. " En ligne collatérale, le ma-" riage est prohibé entre le frère et la sœur " légitimes ou naturels, et les alliés au même " degré."

Art. 157. " Le mariage est encore pro-" hibé entre l'oncle et la nièce, la tante et le " neveu."

Art. 158. " Néanmoins le gouverne-" ment pourra, pour des causes graves, ôter " les prohibitions portées au précédent ar-" ticle."

Art. 159. " Le mariage sera célébré pu-" bliquement devant l'Officier civil de l'une " des parties."

Et l'Orateur du gouvernement, portant la parole en son nom, a dit :

" Anciennement ils (les mariages) étoient " célébrés

(70) Lit. Apost. Bened. XIV. ad Paul. Simon. à S. Joseph. 17 Septemb. 1746.

" célébrés devant le propre Curé des Contrac-
" tans, qui étoit tout à la fois, ministre du con-
" trat au nom de l'Etat, et ministre du Sacre-
" ment au nom de l'Eglise : cette confusion
" dans les pouvoirs en a produit une dans les
" idées et dans les principes : quelques théo-
" logiens ont cru et croyent encore qu'il n'y
" a de véritables mariages que ceux qui sont
" faits en face d'Eglise : cette erreur a des
" conséquences funestes : il arrive en effet
" que des époux abusés ou peu instruits, né-
" gligent d'observer les lois de la République,
" se marient devant le prêtre, sans se présen-
" ter devant l'officier civil, et compromettent
" ainsi par des unions que les lois n'avouent
" pas, l'état de leurs enfans, et la solidité de
" leurs propres contrats....En général, c'est à
" la société à régler les mariages....Le mariage
" est un contrat qui, comme tous les autres,
" est du ressort de la puissance séculière, à la-
" quelle seule il appartient de régler les con-
" trats....Il est donc évident qu'il doit être dé-
" fendu aux ministres du culte, d'administrer
" le sacrement de mariage, toutes les fois
" qu'on ne leur justifiera pas d'un mariage
" civilement contracté" (71).

(71) Rapport du Citoyen Portalis, sur les articles organiques de la Convention.

Et dans une autre circonstance, où il portoit pareillement la parole au nom du gouvernement, le même Orateur a dit encore :

“ L'horreur de l'inceste du frère et de
“ la sœur, et des alliés au même degré, dé-
“ rive du principe de l'honnêteté publique....
“ Les mêmes raisons d'honnêteté publique
“ nous ont déterminés à prohiber le mariage
“ de l'oncle avec la nièce, de la tante avec
“ le neveu....Les lois Romaines et les lois ec-
“ clésiastiques portoient plus loin la prohibi-
“ tion de se marier entre parens : les lois Ro-
“ maines avoient défendu le mariage entre
“ cousins germains..... Nous avons corrigé
“ cette erreur....Nous n'avons pas même cru
“ que le mariage dût être prohibé entre cou-
“ sins germains.... Nous n'avons pas hésité
“ d'accorder au gouvernement le droit d'ac-
“ corder ces dispenses (de mariage) quand
“ les circonstances l'exigent..... Dans l'an-
“ cienne jurisprudence, les dispenses étoient
“ accordées par les ministres de l'Eglise, mais
“ en ce point, dans tout ce qui concernoit le
“ contrat, les ministres de l'Eglise n'étoient
“ que les vice-gérens de la puissance tempo-
“ relle....C'est une maxime constante que les
“ empêchemens dirimans ne peuvent être
“ établis que par la puissance qui régit l'Etat :

“ quand

« quand les institutions religieuses et les ins-
« titutions civiles étoient unies, rien n'empê-
« choit qu'on abandonnât à l'Eglise le droit
« d'accorder des dispenses, même pour le
« contrat : mais ce droit n'existoit que parce
« qu'il étoit avoué ou toléré par la loi civile....
« La loi civile....a dû reprendre l'exercice du
« droit d'accorder des dispenses, depuis que
« le contrat de mariage a été séparé de tout
« ce qui concerne le Sacrement. Si les mi-
« nistres de l'Eglise peuvent et doivent veil-
« ler sur la sainteté du Sacrement, la puis-
« sance civile est seule en droit de veiller sur
« la validité du contrat : les réserves et les
« précautions dont les ministres de l'Eglise
« peuvent user, pour pourvoir à l'objet reli-
« gieux, ne peuvent en aucun cas, ni en
« aucune manière, influer sur le mariage qui
« en soi est un objet temporel : c'est d'après
« ce principe que l'engagement dans les or-
« dres sacrés, le vœu monastique et la dispa-
« rité du culte qui, dans l'ancienne jurispru-
« dence, étoient des empêchemens dirimans,
« ne le sont plus : ils ne l'étoient devenus que
« par les lois civiles qui prohiboient les ma-
« riages mixtes, et qui avoient sanctionné par
« le pouvoir coactif les réglemens Ecclésias-
« tiques relatifs au célibat des prêtres sécu-

" liers et réguliers : ils ont cessé de l'être, depuis " que la liberté de conscience est devenue " elle-même une loi de l'Etat" (72).

Or qui ne voit combien ces entreprises multipliées sur les droits de l'Eglise, ces systèmes opposés à son enseignement, ces renversemens de sa discipline, qui sont autant de traits lancés contre la Religion Catholique, s'accordent peu avec l'heureux rétablissement de notre Sainte Religion que Votre Sainteté avoit en vue de procurer, et qu'on lui avoit promis d'effectuer en France.

2° Notre Seigneur Jésus-Christ rétablissant le mariage en l'état où il étoit au commencement, a prononcé cette défense : *Que l'homme ne sépare point ce que Dieu a joint* (73).

Ensuite l'Apôtre St. Paul qui n'a ni reçu ni appris l'Evangile d'un pur homme mais par la révélation de Jésus-Christ (74), a écrit aux Romains : *Une femme mariée est liée par la loi du mariage, à son mari tant qu'il est vivant, mais lorsqu'il est mort, elle est dégagée de la loi du mariage ; si donc elle est avec un autre homme*

(72) Motifs de la sixième loi exposés par le Conseiller d'Etat Portalis. Code Civil. Tom. I. Paris an XI. — 1803.

(73) Marc. X. 9.

(74) Gal. I. 12.

homme pendant la vie de son mari, elle sera tenue pour adultère: mais si son mari vient à mourir, elle est affranchie de la loi du mariage, et elle peut être avec un autre homme, sans être adultère (75).

Le même Apôtre a écrit aussi aux fidèles de l'Eglise de Corinthe: *Quant aux personnes qui sont mariées, ce n'est pas moi, mais le Seigneur qui ordonne que la femme ne se sépare point de son mari; et si elle s'en sépare, qu'elle garde la continence, ou qu'elle se réconcilie avec son mari, et que le mari de même ne quitte point sa femme* (76).

Enfin le Concile de Trente exposant la doctrine Catholique sur le Sacrement de mariage, s'exprime en ces termes: " Le premier " père du genre humain, inspiré par le divin " Esprit, a prononcé que le nœud du ma- " riage étoit perpétuel et indissoluble, lors- " qu'il a dit: *Voici maintenant l'os de mes os " et la chair de ma chair..... C'est pourquoi " l'homme quittera son père et sa mère, et s'at- " tachera à sa femme, et tous deux ne seront " qu'une seule chair* (77). Et la stabilité de " ce

(75) Rom. viii. 2, 3.
(76) 1 Cor. vii. 10, 11.
(77) Genes. ii. 23, 24.

" ce même nœud qu'Adam avoit prononcée
" si long-temps avant, Notre Seigneur Jésus-
" Christ l'a confirmée par ces paroles: *que*
" *l'homme donc ne sépare point ce que Dieu a*
" *joint*" (78), (79).

Et en conséquence le Saint Concile a publié les Canons suivans :

" Si quelqu'un dit que le lien du ma-
" riage peut être dissous pour cause. . . . de
" cohabitation pénible ou d'absence affectée
" de l'un des conjoints, qu'il soit ana-
" thème" (80)."

" Si quelqu'un dit que l'Eglise erre, lors-
" qu'elle a enseigné et enseigne suivant la
" doctrine de l'Evangile et des Apôtres, que
" le lien du mariage ne peut être dissous par
" l'adultère de l'une des parties, et que l'une
" et l'autre partie, même celle qui est inno-
" cente et qui n'a point donné lieu à l'adul-
" tère, ne peuvent, du vivant de l'autre, con-
" tracter un autre mariage, de sorte que l'é-
" poux qui, après s'être séparé de son épouse
" adultère, en prend une autre, de même
" que

(78) Matth. xix. 16.

(79) Conc. Trid. Sess. xxiv. Doctrina de Sacramento Matrimonii.

(80) Conc. Trid. Sess. xxiv. Can. v.

« que l'épouse qui, après s'être séparée de son « époux adultère, s'unit à un autre, se ren- « dent coupables d'adultère, qu'il soit ana- « thème (81)."

Cependant le gouvernement avec lequel Votre Sainteté a traité, a d'abord proposé comme projet de loi, et ensuite promulgué comme loi, les dispositions suivantes qui introduisent le divorce, pour plusieurs causes, soit déterminées, soit indéterminées.

Art. 147. (Extrait de la sixième loi du nouveau Code Civil, Titre V. du Code du mariage. Ch. 1.) « On ne peut contracter un « second mariage, avant la dissolution du pre- « mier."

Art. 223. (Cet article et les suivans, sont extraits de la septième loi du nouveau Code civil, Titre VI du Code du *divorce*. Ch. I, IV et V.)

« Le mari pourra demander le divorce « pour cause d'adultère de sa femme."

Art. 224. « La femme pourra demander « le divorce, pour cause d'adultère de son « mari, lorsqu'il aura tenu sa concubine dans « la maison commune."

Art. 225. « Les époux pourront récipro-

« quement

(81) Conc. Trid. Sess. xxiv. Can. vii.

« quement demander le divorce, pour excès,
« sévices, ou injures graves de l'un envers
« l'autre."

Art. 226. « La condamnation de l'un « des époux à une peine infamante, sera « pour l'autre époux une cause de divorce."

Art. 227. « Le consentement mutuel et « persévérant des époux, exprimé de la ma« nière prescrite par la loi, sous les condi« tions, et après les épreuves qu'elle détermi« ne, prouvera suffisamment que la vie « commune leur est insupportable et qu'il « existe, par rapport à eux, une cause pé« remptoire de divorce."

Art. 289. « Les époux qui divorceront, « pour quelque cause que ce soit, ne pour« ront plus se réunir."

Art. 304. « Lorsque la séparation de « corps prononcée pour toute autre cause, « que l'adultère de la femme, aura duré trois « ans, l'époux qui étoit originairement dé« fendeur, pourra demander le divorce au « tribunal qui l'admettra, si le demandeur « présent, ou duement appelé, ne consent « pas immédiatement à faire cesser la sépara« tion."

Et l'Orateur du gouvernement, développant,

pant, en son nom, les motifs de cette septième loi, a dit :

" Le divorce ne doit pas être signalé " comme un mal, s'il peut être un remède " quelquefois nécessaire . . . dans les maux " physiques, un artiste habile est forcé quel- " quefois de sacrifier un membre pour sau- " ver le corps entier ; ainsi des législateurs " admettent le divorce, pour arrêter des " maux plus grands : puissions-nous un jour " par de bonnes institutions en rendre l'usage " inutile ! C'est par de bonnes lois, mais " c'est aussi par de grands exemples que les " mœurs publiques se réforment et se puri- " fient : ce n'est pas le langage seul qu'on " doit épurer, c'est la morale qu'il faut mettre " en action : que le mariage soit honoré : " que le nom et le titre d'époux soient res- " pectés : que l'opinion publique régéné- " rée flétrisse également le séducteur et l'in- " fidèle : et nous n'aurons peut-être plus be- " soin du divorce ! Mais jusque-là, gar- " dons-nous de repousser un remède que " l'état actuel de nos mœurs rend encore, et " trop souvent nécessaire (82)."

M Ainsi

(82) Motifs de la septième loi exposés par le citoyen Treilhard. Cod. Civil. tom. 1. Paris an xi—1803.

Ainsi Jésus-Christ se seroit trompé en rappelant pour toujours le mariage à son indissolubilité primitive ! C'est lorsque la terre couverte des ténèbres épaisses de l'idolâtrie, étoit en même temps inondée d'un déluge de crimes, que le Dieu des sciences (83), celui à qui aucune créature n'est cachée, aux yeux duquel tout est à nu et à découvert (84), qui connoît toutes choses avant même qu'elles se fassent (85), a statué que l'union conjugale seroit désormais indissoluble, comme elle l'avoit été au commencement (86) : mais s'il faut en croire l'orateur dont il vient d'être fait mention, quand Jésus-Christ en qui habite véritablement et substantiellement, toute la plénitude de la divinité (87), a défendu pour toute la suite des siècles que l'homme séparât des époux que Dieu auroit unis, il n'a point aperçu cet abîme de désordres dans lequel se précipiteroient un jour des

(83) I. Reg. ii. 3.
(84) Hebr. iv. 13.
(85) Dan. xiii. 42.
(86) Math. xix. 8.
(87 Coloss. xi. 9.

des peuples qui auroient reçu la connoissance du vrai Dieu : il n'a pas prévu que dix-huit cents ans, après sa vie mortelle, la corruption des mœurs parmi des hommes qui feroient profession d'être ses disciples, seroit portée au point qu'il en résulteroit une nécessité indispensable d'admettre le divorce, et il a fallu que la sagesse des législateurs modernes, suppléant au défaut de la législation de l'homme Dieu, apportât à la dépravation de ceux à qui ils donnent des lois, un remède proscrit par l'Evangile !

A la vue de tous ces maux et de tant d'autres que nous passons encore maintenant sous silence, nous ne pouvons nous empêcher d'adresser à Votre Sainteté les mêmes paroles qu'adressoit autrefois St. Bernard à Eugène III votre prédécesseur : *Voyez, ô Père commun, jusqu'à quel point votre religion a été surprise.... l'apparence du bien vous a trompé . . . . mais maintenant que le zèle se lève, et qu'il déploie toute son énergie . . . . que Dieu vous inspire d'accueillir avec des sentimens paternels nos respectueuses représentations, et de faire une réponse qui donnant l'espoir de voir le bien renaître, procure une véritable consolation à nous*

 tous

tous qui sommes désolés à l'excès, et affligés au-delà de toutes expressions (88).

Et, prosternés aux pieds de Votre Sainteté, nous la conjurons humblement de nous accorder sa Bénédiction Apostolique,

De Votre Sainteté,

TRÈS-SAINT PÈRE,

Les très-humbles et très-obéissans

Serviteurs et Fils,

+ ARTHUR RICHARD DILLON, Archevêque et Primat de Narbonne, Commandeur de l'Ordre du Saint Esprit.

+ LOUIS-FRANÇOIS-MARC-HILAIRE DE CONZIÉ, Evêque d'Arras.

+ JOSEPH-FRANÇOIS DE MALIDE, Evêque de Montpellier.

+ LOUIS-ANDRÉ DE GRIMALDI, Evêque, Comte de Noyon, Pair de France.

+ JEAN-FRANÇOIS LAMARCHE, Evêque de Léon.

+ PIERRE-AUGUSTIN DE BELBEUF, Evêque d'Avranches.

+ SÉBASTIEN-MICHEL AMELOT, Evêque de Vannes.

+ HENRI-BENOÎT-JULES DE BETHISY, Evêque d'Uzès.

---

(88) St. Bernard. Epist. cclxx ad Dominum Papam Eugenium.

+ SEIGNELAI COLBERT, Evêque de Rodez.

+ CHARLES-EUTROPE DE LA LAURANCIE, Evêque de Nantes.

+ PHILIPPE - FRANÇOIS D'ALBIGNAC, Evêque d'Angoulême.

+ ALEXANDRE-HENRI DE CHAUVIGNI DE BLOT, Evêque de Lombez.

ETIENNE-JEAN-BAPTISTE-LOUIS DES GALOIS DE LA TOUR, Evêque Nᵉ. de Moulins.

Londres, ce 15 Avril, 1804.

FIN.

De l'Imprimerie de Cox, Fils, et Baylis, No. 75, Great Queen-Street, Lincoln's-Inn-Fields.

www.ingramcontent.com/pod-product-compliance
Ingram Content Group UK Ltd.
Pitfield, Milton Keynes, MK11 3LW, UK
UKHW021105220726
13924UKWH00004B/1511